全球不容错过的 100 个户外天堂

———— 探索之旅编委会　编著 ————

北京出版集团公司

北京出版社

图书在版编目（CIP）数据

全球不容错过的 100 个户外天堂 / 探索之旅编委会编
著 . — 北京 ： 北京出版社，2016.4
ISBN 978-7-200-12060-8

Ⅰ．① 全… Ⅱ．① 探… Ⅲ．① 旅游指南—世界 Ⅳ.
① K919

中国版本图书馆 CIP 数据核字 (2016) 第 074607 号

全球不容错过的 100 个户外天堂
QUANQIU BURONG CUOGUO DE 100 GE HUWAI TIANTANG

探索之旅编委会　编著

*

北 京 出 版 集 团 公 司
北 京 出 版 社 出版

（北京北三环中路 6 号）
邮政编码: 100120

网　　　　址：www.bph.com.cn

北 京 出 版 集 团 公 司 总 发 行
新 华 书 店 经 销
北京博海升彩色印刷有限公司印刷

*

787 毫米 ×1092 毫米　16 开本　18 印张　373 千字
2016 年 4 月第 1 版　2018 年 3 月第 2 次印刷

ISBN 978-7-200-12060-8

定价: 49.80 元
质量监督电话: 010-58572393

前言

不知道你是否与我一样，有唯美情结？每当看到动人的景色，总是留恋不已；对于美丽的风景，总是毫无抵抗力。只要它轻轻地一个眼神，就让人沉浸在那温柔甜蜜的港湾之中。是的，千百次的回眸也不过是想留住那些唯美纯真的东西，哪怕是惊鸿一瞥，也依旧能留下最深刻的记忆。

走进每一个景色迷人的国度，踏入每一个绚丽夺目的天堂，唯一能做的就是尽情地拥抱这美轮美奂的风景，才不会辜负初心。动与静的结合，总是能将风景的迷人发挥得淋漓尽致，它内在的韵味也得到了最完美的诠释。

单单是漫步欣赏、用相机定格每一个柔美的瞬间，多少会让人觉得有点欠缺。是的，每一个景点，总是有不同角度的美，或许只有你从不同的角度去领悟它，它才会带给你意想不到的惊喜。无论你是沉醉于海底世界的神奇，还是爱上了冰雪世界的高雅，抑或是迷恋上了蹦极、跳伞的刺激，每一项运动都能带给你感官与身体上的完美享受，看似一项平凡无奇的运动，却能在不同的地方演绎出不同的韵味，这就是世界美景的魅力所在。

每一次的极限运动都是与美景最完美的邂逅，演绎出最完美的篇章。蹦极可以让你体会到从高空坠落的刺激与爽快，在高山与海洋的美景之中释放身体的每一个细胞；潜水可以让你看到海底世界的唯美与神奇，在朦胧别致的海景之中尽情遨游，此时你便是这海中的一条鱼，体验着与众不同的人生；滑雪可以让你体会到冰雪世界外在冷酷、内心狂热的酣畅，从峰顶呼啸而过，只为拥抱这高洁优雅的青春。

爱上唯美别致的景色，往往在一瞬间；爱上这极限运动，便也只需一瞬间。每一次的挑战都只愿不辜负这迷人的景色，每一次极限运动只想诠释内心对每一寸风景的热爱，这就是人生，总是在不断地挑战中赢得成功。我只愿尽情地享受这般美景，用运动去诠释人生的真谛，去体会每一寸风景的内涵。让我们开始这段全新的旅程，来一场完美幸福的邂逅。让我们将所有的美好都定格在这一瞬间，让这一刻成为亘古不变的永恒。只愿静静地与美景相拥，将这人生的浪漫与辉煌拥入怀中。

目录

第三章 云端漫步

第四章 岩壁芭蕾

第五章 浪花之舞

第六章　激流勇进

第七章　海中潜行

第八章　群山之巅

第九章　冰雪奇缘

第十章　环球徒步

第一章

蹦极胜地

每一次极限挑战都是对生命的一次诠释，

每一次俯瞰世界都有另一种全新的收获。

从高处坠落的刹那便感受了这运动的真谛，

只愿将人生交给这唯美的风景，

尽情徜徉在浪漫的世界之中，

在这美轮美奂的人间天堂，

跳一段惊世绝伦的探戈。

左图：广阔的赞比西河突然从陡崖上跌入深邃的峡谷，声如雷鸣，奔腾而去

关键词：探险之都、户外运动
国别：新西兰
位置：南阿尔卑斯山腹地

皇后镇

★ ★ ★ ★ ★ ★ ★ ★ ★ ★ 蹦极发源于这里 ★ ★ ★ ★ ★ ★ ★ ★ ★ ★

此景只应天上有，人间能得几回见？风景之纯、之美只有雍容华贵的维多利亚女王才配得上，这里就是"皇后镇"。

□ 喷射快艇——享受在山林间清澈水域疾行的速度感

皇后镇优雅地坐落于瓦卡蒂普湖与阿尔卑斯山脉的环抱之中，蓝蓝的湖水延伸到天际构成了天空的倒影；朵朵白云好像是山丘上淘气的毛毡帽，忽而隐去了山丘的棱角，忽而远远地飘在了一边，和小山玩起了捉迷藏的游戏；而阵阵微风则是这场游戏的主人。湖光山色、水天相接，皇后镇充满轻盈迷离的诱惑，让你在这童话般的仙境中物我两忘、神与物游。

仿佛造物主格外偏爱这片土地，如果你在秋季来到皇后镇，可以靠在路边的长椅上微微眯眼。原始的自然风情融合本土的毛利文化，黛色的远山映衬偶尔泛起涟漪的湖面，清爽的空气中弥漫着阳光的味道，远方的雾气萦绕着静谧安详的小镇，飘落的黄叶邀你跳一支回旋舞，这真实的一切却美得那么不真实。你只想这样静静地坐着，用片刻的宁静治愈旅途的疲乏。

当然了，迷人的风景自然备受大导演的青睐，皇后镇也成为《魔戒》《霍比特人》等好莱坞大片的外景取景地，每年都吸引了无数的影迷前来追寻自己心中神秘的中土世界。

欣赏了美丽的自然风光，接着就来舒展身体，和大自然来个亲密接触吧。爱冒险、探索未知的事物是人们的天性，而在这个世界极限运动之都的皇后镇，无论如何你不能错过的就是高空蹦极了。只有在蹦极运动的发源地——卡瓦劳大桥上亲自体验一把，你才会真正明白这项运动为何不愧为勇敢者的游戏。

最开始坠落的一瞬间，身体腾空失重，迅速上升的肾上腺素让你感到无比紧张，但若像一只小鸟一样纵情忘我地把自己交付到空中，用你的耳朵感受风的流动、气流的猛烈冲击，处于快速自由落体状态中的你会忘记一切；很多人会把这一瞬间和跳楼联系起来，的确，尽管已经绑好了安全装置，但在最开始跳下的时候你无法感到任何的牵引力量，只能体会自己沉重的身体在不断地下坠。直到"被遗忘"的保护带突然把你拉起来、再掉下去、再拉起来……在皇后镇蹦极，你还能享受到独特的"水面蹦极跳"。你可以选

走在皇后镇充满异国风情的街道上，优哉游哉

蹦极——在一片美丽景致中，享受重力加速度所带来的冲击

择在弹跳的时候如蜻蜓点水一般轻触水面，也可以完全沉浸水中，怎么跳你说了算。蹦极最精彩最刺激的就是掉下去的那一刻，在美丽的皇后镇"长空任鸟飞"，欣赏这一片湖光山色。曲折蜿蜒的河流如同丝带缠绕着大地，成了一抹抹翡翠蓝；绵延不断的山丘在阳光的照耀下静静等待夕阳，仿佛一个见证了世事沧桑的老人在垂暮之年倾吐人生。微微抬

▫ 皇后镇上有很多家餐厅，特色美食是烧羊肉与酥皮卷，值得一试

▫ 滑雪也是一项不可不试的户外运动

起头，你就会发现自己在云层中穿行、在蓝天里沉醉，如同身处人间天堂。

"我见青山多妩媚，料青山见我应如是。"如果说皇后镇的经历能让你收获什么，那就是能抛却生活的一切压力和大自然融为一体。整理思绪，准备在这美丽的伊甸园中不醉不归吧。

醉美风景

米尔福德峡湾

米尔福德峡湾是规模最大且保存最完整的峡湾之一，它形成于冰河时代。在新西兰原住民毛利人眼中，米尔福德峡湾是"第一只野生画眉"。湖面和峡湾垂直相交，两岸的山崖呈 V 字形，瀑布在山崖中流淌。坐上游轮，围绕着米尔福德峡湾游览，你一定会惊讶于大自然的鬼斧神工。

瓦卡蒂普湖

瓦卡蒂普湖是新西兰第三大湖泊，神奇的是，因为特有的潮汐现象，瓦卡蒂普湖湖水每隔一段时间就会上升或下降几厘米。在毛利人的传说中，水面升降的原因是湖中水怪心跳起伏。夏季，瓦卡蒂普湖是避暑的绝佳去处，那清凉的湖水，可消除一整夏的烦躁。

TIPS

❶ 游客要在导游的带领下参观，不要私自出行。
❷ 瓦卡蒂普湖是堰塞湖，坐喷气快艇游览时需注意安全。

关键词：勇敢者的游戏、狂野
国别：南非
位置：东开普省齐齐卡马山中

布劳克朗斯大桥

世界最高的高空弹跳大桥

　　布劳克朗斯大桥是蹦极者的天堂，在这里不仅可以领略到美不胜收的风景，更可以挑战自我。这里是勇敢者的天堂，无论是谁，都可以尽情地释放本性。

　　布劳克朗斯大桥，这座举世闻名的蹦极大桥横亘在南非东开普省齐齐卡马山中。在这里，没有国别之分，没有年龄之分，只要你有一颗想要挑战的心，布劳克朗斯大桥随时向你敞开它的怀抱。

　　布劳克朗斯大桥贯穿整个齐齐卡马大峡谷，它就像是这个大峡谷派遣的使者，张开怀抱迎接每一个勇气可嘉的人。在南非的这个自然花园中，布劳克朗斯大桥的雄伟壮阔与齐齐卡马森林的静谧相得益彰。走在这座一眼望不到头的长桥上，只需要安静地享受着扑面而来的清凉，只需要沉醉在这祥和安宁的世外桃源之中。这里是勇士的天堂，是见证奇迹的归处。

　　春天的布劳克朗斯大桥充满活力，处处鸟语花香，齐齐卡马森林的每一个生命都已经按捺不住，想要尽情地释放自己来证明自己才是真正的勇士；夏天的布劳克朗斯大桥显得沉稳了许多，它享受着远处吹来的海风，伴随着海浪一次次拍打岸边的声音为每一位

□ 布劳克朗斯大桥修建在一座美丽悠长的大峡谷中

蹦极者呐喊加油；秋天的布劳克朗斯大桥是魅力四射的，这个季节的齐齐卡马森林一片金黄色，火红的枫叶在空中为每一位蹦极者跳着优雅的开场舞，整个森林都在屏气凝神，等待着勇士们的纵身一跃；冬天的布劳克朗斯大桥是最耐人寻味的，你可以说它已经沉睡，但是它又每时每刻给予人们勇气，告诉每一个到来的人不要怯懦。

　　日落时的布劳克朗斯大桥又是另一番景致。看夕阳的余晖洒落在整个齐齐卡马森林

■ 齐齐卡马国家公园

■ 可爱的蹄兔

上，布劳克朗斯大桥就像从天边伸出来的一条康庄大道，当你走上去，便可以到达世界的尽头。夕阳西下，多希望时间就此静止，好好享受这一番天上人间的美景。闭上双眼，张开双臂，让自己从 216 米的高度跳下去，将每一处的美景尽收眼底，看每一个高度的齐齐卡马山，这自由只有在这里才能得以实现。

　　梦回几度，我们是不是都是洒脱自在的勇者？在布劳克朗斯大桥，我们不用再为生活所累，不必再为烦恼忧伤。站在这座大桥上，我们只需要尽我所能，享受这诱人的美景，徜徉在这大峡谷中，释放自己。或许有的人会惧怕这骇人的高度，会害怕从这跳下去全然失重的不安全感，但是不用害怕，英国哈里王子就是在这个地方战胜了自己，英国著名男演员杰克·奥斯本也是在这里找到了人生存在的意义。这个地方是属于勇者的，只要你有一颗敢于挑战自我的心，便会发现它所给你带来的乐趣。

醉美风景

齐齐卡马国家公园

齐齐卡马公园是非洲大陆第一座海岸国家公园，在这里你可以享受到惊涛拍岸的快感，也可以领略到和煦暖人的美景。这里更是对动物情有独钟的人们的福地，你可以毫无忌惮地与它们面对面地交流；也可以在公园里租一座小木屋，享受日出日落所带来的不一样的景色；更可以徒步走在公园的每一条羊肠小道上。每一个角度的齐齐卡马国家公园都别有一番景致。

花园大道

花园大道是一个冬暖夏凉的好地方，一年四季，都可以进行海上运动。在这个美不胜收的地方，会有蒸汽机带着我们轻松地领略每一处的风景。花园大道的海岸线是非常平坦的，沿途你会发现清澈的齐齐卡马山脉的水从这流过，汇入湛蓝的海洋。

TIPS

❶ 游客可以与齐齐卡马国家公园的野生动物亲密交流，但不要乱投食物。
❷ 从开普敦出发到花园大道需要 6 个小时，选择合适的交通工具。

关键词：壮美、彩虹瀑布、鳄鱼之吻
国别：赞比亚、津巴布韦
位置：赞比亚和津巴布韦两国交界处

维多利亚瀑布

★★★★★★★★★ 最壮丽的蹦极胜地 ★★★★★★★★★

不知道从什么时候起，维多利亚瀑布大桥这个略显陌生的名字已经成了世界极限运动爱好者心目中的胜地。111 米的落差或许并不值得炫耀，但那浑然仿若天地初绽的壮美与绮丽却让人一见难忘。

■ 滔滔河水在裂岩深谷垂直落下，没有人不感叹于维多利亚瀑布的壮美

阿非利加洲，一片被阳光格外关照的黑土地，倔强中带着几分沸腾的热血，英姿飒爽的三角梅恍惚间便成了炎天沸土下最纯美的点缀。赞比亚的风华不再，津巴布韦的贫穷倒是常常被人提及。非洲还能有什么值得一看的地方吗？有，而且近在眼前！

维多利亚大瀑布地处赞津两国交界处，周围人烟稀少、土地荒芜，偶尔出现的当地土著也警惕而排外。似乎在这片山水相依、荒凉亘古的土地上，最好客的便是那雷鸣震耳的瀑布、峭拔山壁上的热带"雨林"，还有那一座瀑布大桥。

大桥始建于 1905 年，全长 200 米左右，是一条古老的铁路桥，桥的正中央就是赞比亚和津巴布韦两国的国界，站在桥头，向下俯瞰，两国的风光、维多利亚大瀑布的全貌都能够尽收眼底。

扣好安全绳，脚尖脱离踏板的那一刹那，瀑布如雷般的轰鸣变得格外真切，若阳光特别好，温和的光线洒落在瀑布激荡而起的蒙蒙水雾上便会自上而下形成一弯竖立的彩虹。虹桥之上七彩斑斓，映着阳光，映着飞溅的水花，映着粼粼的玄武岩，壮美中氤氲着一种缥缈的绮丽。

顺着彩虹桥一路坠落，峡谷深处的景色一览无余，新树枝头幼嫩的小芽也在眼底轻轻滑过。蓦地，头下的赞比西河中漾起一圈圈涟漪，一只鳄鱼张着大嘴露出了半边身子，然后是第二只、第三只、第四只……让人心脏骤然紧缩，死亡的阴霾笼罩，仿佛下一刻就要葬身鳄鱼之吻，睁开眼却发现自己已经降落在安全地带。那种一刹天堂、一刹地狱的感觉委实是惊心动魄。

心有余悸地站在峡谷岩石上，看着河里依旧虎视眈眈的鳄鱼，再看看周围的一派葱绿，突然就觉得世界上没有什么景色比这一刻更美好了。当然，降落之前你一定要准备好护照，因为谁都不知道自己最后会落到哪国境内。

古人说一眼天地宽、一瞬日月寒，每一个地方都有自己的美丽，维多利亚瀑布的美丽尤甚。那种壮美，举世罕见，如果人的一生真的需要找一个地方来放飞灵魂，那么这里无疑是最好的选择。

■ 瀑布激起的冲天水柱，一团团不断向上翻涌，在蓝天白云间飘散开去

■ 赞比西河以无法想象的磅礴之势翻腾怒吼，飞泻至嶙峋的陡峭深谷中，恢宏壮观

醉美风景

维多利亚"雨林"

在非洲，雨林永远都是一个奢侈的词汇，维多利亚瀑布的"雨林"则是天地赠送的一份礼物。这片"雨林"并不大，就生长在瀑布对面的一片玄武岩峭壁上。常年水雾的滋润让"雨林"中的每一棵树都晶莹如翠玉，走进林中，清新的空气灌入肺中，很舒服，也很奇特。整片林子，似乎每时每刻都沐浴在水雾中，哪怕晴天也不例外。

旋涡潭（沸腾锅）

维多利亚瀑布共分五段，五个瀑布飞流直下，最后都汇集到了一个400米宽的深潭中，这个深潭就是旋涡潭。巨大的落差，狭小的水潭，激荡的飞瀑在自然的伟力作用下形成了一道道蒸腾而起、高几百米的柱状云雾，这些云雾不断地蒸腾，远远看去，就仿佛一锅热水在沸腾。沸腾锅的别名也由此而来。

TIPS

❶ 最佳游览时间：雨季。

❷ 观赏沸腾锅的时候最好保持距离，如果想下水，最好选在旱季前往。

关键词：蹦极、旅游、冒险
国别：瑞士
位置：瑞士南部提契诺州

韦尔扎斯卡大坝

★★★★★★★★★★★ 变身詹姆斯·邦德 ★★★★★★★★★★★★

你若不是蹦极爱好者，可能没听过韦尔扎斯卡大坝；但如果你是电影迷，那你定看过 007 系列电影之一的《黄金眼》，该电影就是在这里取景的。

韦尔扎斯卡大坝位于瑞士南部的提契诺州，气候温和宜人，风景秀丽壮美。作为落差世界第三的蹦极胜地（仅次于美国皇家峡谷悬索桥蹦极、中国澳门旅游塔蹦极），这里是无数蹦极爱好者的天堂，高达 220 米的巨大落差，带来的是视觉上的强大冲击。身处韦尔扎斯卡大坝，即使不去蹦极，仅是阿尔卑斯山的优雅秀丽、韦尔扎斯卡河的天然美景，就让你不虚此行。

扑面而来的是巨大的水汽和震耳欲聋的水声，大坝的宏伟身躯横立于韦尔扎斯卡河，两边是陡峭的山谷。当你漫步于韦尔扎斯卡大坝，两边的风景仿佛天上人间。一侧是秀丽宁静的湖光山色，另一侧却是深不见底、令人恐惧的深渊，这就是韦尔扎斯卡大坝。不必说在大坝上进行刺激的蹦极，普通人怕是看一眼就会目眩半天，双腿无力。

你绝对想不到，就是这样的高度，竟然还会有人敢跳下去！没错，007 系列的经典影片之一《黄金眼》的片头中前所未有的蹦极特技就是摄于韦尔扎斯卡大坝。对于观众

▫ 蹦极，感受风的速度

▫ 像巨龙一样盘桓在山中的韦尔扎斯卡大坝

▫ 贝林佐纳老教堂

来说，片头的蹦极特技不过是令人惊艳的几分钟，而对演员来说，却是在生死之间的恐怖徘徊。大坝整体构造是弧形的，从上往下看，总觉得会狠狠地撞在坚硬的水泥板上。从这里蹦极，生理和心理都将经受巨大考验。拍摄当天，英国知名特技演员韦恩·麦克尔斯，全套护具，整装待发，剧组甚至启用了直升机来紧急应对。至今，蹦极台旁依旧高悬"GOLDEN EYE"和"ARE YOU READY"的巨大宣传海报。韦尔扎斯卡大坝成为当地不朽的美谈。

当然，并不是只有蹦极者才能来到这里，普通游客也可以享受属于韦尔扎斯卡的难忘记忆。如果说提契诺州是瑞士的王冠，那么韦尔扎斯卡就是这王冠上一颗璀璨的明珠。景色朦胧秀丽，河水晶莹剔透宛如流淌的绿宝石，安静地穿梭于山谷之间，河水清凉、植被葱郁，置身其中，让人流连忘返。

景是绝顶的景，人也是会享受的人，这里堪称瑞士的世外桃源。值得一提的是，这里阳光充裕，一年的大多数时间，人们都沐浴在阳光下，性格也变得格外开朗。对于不敢去蹦极的游客们而言，这里的美食或许会弥补你的遗憾。看上去是简单的沙拉、意大利面、普普通通的海鲜，但在葡萄架下的石凳、石桌上，总有一种意大利乡村气息让你魂牵梦萦，食物的美更不是简单几句话就能说清的。

醉美风景

韦尔扎斯卡山谷

与韦尔扎斯卡大坝的惊险刺激截然相反的就是韦尔扎斯卡山谷的幽静，这里被群山绿水环绕，四周郁郁葱葱的树林加上山谷中蜿蜒流淌的河水让这里成了休闲度假的好地方。在体验过蹦极之后，不妨来这边享受一下安静惬意的休闲时光，这里不仅风景让人流连忘返，就连美食也让人垂涎三尺。山谷中的餐馆里有当地的特色美食，美味的食物加上美丽的风景，享受人生不就如此吗？

贝林佐纳

贝林佐纳的风景令人沉醉，这里有中世纪的建筑以及风格独特的教堂，每周六在这里的老城街道上都会举办各类交易活动，届时琳琅满目的商品都将出现在你的面前，各色工艺品会让你爱不释手。此外，在这个小镇上还有很多出色的商店，想要带一些纪念品回去的朋友，一定不能错过这里。

TIPS

❶ 有心脏病和其他相关病症的游客切莫尝试韦尔扎斯卡大坝的蹦极。
❷ 对海鲜过敏的游客需注意在山谷中的饮食。

关键词：空中漫步、观光
国别：中国
位置：澳门特别行政区南湾新镇海区 D 区
　　　域一号地段

澳门旅游塔蹦极

★★★★★★★★★★ 眺望远方的大陆 ★★★★★★★★★★

　　澳门旅游塔，一个在 338 米的高空中凝望苍茫的旅行者。它孤傲但出尘，塔尖上冉冉的流云总是流淌着太多的怅惘。当夜幕低沉、灯火通明时，你就会明白，原来这里才是天堂。

▣ 夜色下灯光闪耀的澳门旅游塔

　　不知道从什么时候起，澳门在国人的眼中便成了一个特别的地方，或许是因为那金碧辉煌的赌场，又或许是因为那一句"你可知 Macau，不是我真姓。"

踏上这片土地，心中总有一种异样的情绪。虽然，它没有秀美的山光，没有如玉的秀色，但置身其间，你不知不觉就会醉了。

　　旅游塔是澳门的著名景点，也是澳门的

■ 于塔内最高的观光层远眺四周，可俯瞰全澳景色

城市地标，"全球第八观光塔"的殊荣绝对能让它在风中舞出最炫美的姿态。秋日的傍晚，乘着观光电梯来到60层的360°旋转餐厅，坐在窗边，悠然俯瞰，整个澳门的美景尽收眼底。星星点点的灯火中，大炮台的剪影依旧；大三巴牌坊影影绰绰，仿佛氤氲着一层古老的圣光；市政广场乳白的清辉与水花交织，蔓延成的便是一种唯美的烂漫。

烂漫过后，当渴望与激情泛滥成灾，不妨收拾心情去做一把"空中飞人"。旅游塔的蹦极项目全世界都闻名。独自一人站在223米的高空，任风掠过发迹，随手掬一捧白云，然后深吸一口气，张开双臂，纵身一跃。那一刻，整个世界都成了永恒。

风声在耳边变得剧烈，眼中疾速流动着斑斓的风景，心脏在剧烈地跳动，呼吸着让肺感到无限清凉的空气，遥遥望着那"渺小"的岛屿上醉人的青葱、无限的繁华，自由自在的感觉便油然而生。

当然，或许当生命跃动的速度超过了时间时你的大脑中便一片空白，随着绳索不断地飞降，唯一的感觉便是：痛快！无与伦比的痛快！当20秒的时间消逝，在落日的余晖中，在那渲染了满天的灯火中，你突然就有一种觉悟，原来，人与自然竟可以离得这么近！

青草的芬芳在落地的一刹那扑鼻而至，没有馥郁，却也怡人。借着秋色，来一次"百步登天"，爬到61层高的塔顶，就算没有征服珠峰的快感，也着实令人感到骄傲。

◘ 议事亭前地

胸中冒险的"烈火"若没有燃尽，还可以去57层尝试一下"空中漫步"。绕塔一圈的环形钢架桥上没有任何扶手，宽度也只有1.8米，单单站在上面就已经让人心惊胆战，哪怕只是走半圈，也足以向人炫耀了。毕竟，那可是在200多米的高空上啊。

　　每一个人心中都有冒险的欲望，每一个人骨子里都有一份执着。碧蓝晴天下，一根绳索代表着一个传奇，秋色溶溶间，若有意，何不在跳下的一瞬间将时光铭记?

的世界文化遗产。它原是圣保禄大教堂的前壁，建筑风格别样，既有西方巴洛克的精致，又有东方独有的雅致，因类似中国的牌坊建筑而得名。牌坊共分五层，每一层上都有雕塑。雕塑雕刻精美，形态各异，极富艺术气息。

议事亭前地

议事亭前地是澳门四大广场之一。广场周围林林总总矗立着许多葡萄牙风格的建筑，广场的地砖也是黑黄色调的葡式石砖。其中央有一座喷水池，每到夜晚，在池底彩灯的照耀下喷水池都会珠玉飞溅、五光十色，分外漂亮。

醉美风景

大三巴牌坊

大三巴牌坊是澳门的地标式建筑，联合国教科文组织明定

TIPS

❶ 做好防护，天气恶劣的时候不要去蹦极。
❷ 议事亭前环境优雅，游玩时请不要乱扔垃圾。若是想要参加"荷花节"，最好选择6月。

关键词：激流湍石、漂流
国别：尼泊尔
位置：尼泊尔托帕尼小镇

最后的圣地

★ ★ ★ ★ ★ ★ ★ ★ ★ ★ 扎进奔腾的河水中 ★ ★ ★ ★ ★ ★ ★ ★ ★ ★

　　尼泊尔如诗，玲珑中总是镌刻着喜马拉雅最柔美的希冀。再回眸，看着那卷雪的胡特可西，长长的吊桥上风儿在流动、云儿在翩跹。这最后的圣地原来竟是那么真实，那么纯粹。

▶ 加德满都杜巴广场内的古迹

　　尼泊尔的风光清静苍莽中带着一丝淡淡的佛晕，托帕尼小镇看上去并不整洁，却给人很舒服的感觉。最后的圣地离镇子不远，在峡谷上，两山耸峙形成了一片狭长的谷隙，胡特可西河的咆哮不绝于耳。当地的居民平时都是通过峡谷上的吊桥往返，当然，若是有极限爱好者想要秀一下自己的身姿，他们也非常乐意围观。

　　吊桥是一座铁索桥，蜿蜒迤逦，对胆子稍微小一些的人来说走在上面都是一种挑战。160 米的落差虽然不是世界上最大的，但也是亚洲前三，而且最后的圣地蹦极的垂直距离甚至超过新西兰皇后镇的卡瓦劳大桥。

　　胡特可西河是尼泊尔最险峻的河流，每3000 米水流的落差就能达到 24° 的倾斜率，每年，许多喜欢极限漂流的游客都会在这里聚集，不过，要说最冒险最刺激的运动，还要属蹦极。

　　站在铁索吊桥上低头往下看，奔腾的胡特可西河水就像是发怒的巨龙一般卷起无数激流和浪花，巉岩在山边耸峙，暗青色的大石头在水中得意地挑衅。还没往下跳，你就会担心要是撞到了山壁上或者水中的尖石上可怎么办。

　　深呼吸，走上踏板，仿佛大鹏展翅般飞跃而下吧，视角的不同会让整个世界的景象都发生不可思议的变化。两侧山壁上郁郁葱葱的原始森林如飘扬的绿带在眼前划过、不知名的鸟儿啁啾而鸣，恍惚之间，能感到河

■ 广场内出售的面具

水的轰鸣已震耳欲聋，巨大的加速度仿佛誓要将人送进河水的怀抱。心会一下子提到嗓子眼，好在最后终究是有惊无险，但那生死一瞬间的惊险却会让人永远都无法忘怀。

重新站到土地上，站在河边，抬头仰望：阳光斜照，巉岩之上，倔强的小树吞吐着无限的碧绿，吊桥横斜便若魅影横空，四溅的水花勾勒出奇特的七彩之光。天地或许忽略了这份纯美，但置身其间的你我却陶醉其中，醉得不愿意再次醒来。

最后的圣地是一种祈盼不是一种黯淡，最后也不意味着你来过一次之后再也不愿重来，事实上，最后的圣地总是令人眷恋。若人生真的有什么地方必须去，这里必是其中之一。

醉美风景

奇特旺国家森林公园

奇特旺国家森林公园位于尼泊尔南部拉伊平原，曾是尼泊尔皇室的猎场，后被联合国教科文组织认定为世界文化遗产。公园内植被茂盛，松树、枣树、木棉树、婆罗双树、竹子，各种盐质植被应有尽有。夜猴、沼泽鳄、水鹿、羚羊、野象、印度野牛、孔雀、蟒蛇等动物无所不有。在奇特旺，无论是骑着大象探险还是乘坐独木舟去看鳄鱼都是不错的选择。

加德满都杜巴广场

加德满都是一个荒芜中带着几分纯美的城市，杜巴广场则是加德满都的地标。它曾是尼泊尔皇室的加冕之地，有三个分广场。广场建筑风格独特，清一色的红砖带着浓浓的异域风情。纳拉扬神庙、库玛里女神庙都在广场上。

TIPS

❶ 每年 11 月，公园附近的塔鲁族村庄都会举办象球锦标赛。
❷ 杜巴广场上会出现苦行僧，可以和他们合影，但要给小费。另外，进入广场需购门票。

关键词：惊险、迷雾缭绕、死亡蹦极
国别：哥斯达黎加
位置：蒙特韦尔德小镇云雾林保护区

蒙特韦尔德极限公园

雾林中的飞人

　　走进哥斯达黎加，那云雾之间的雨林，那潺潺远流的溪水，那腾挪纵跃的猿猴，那刻印在心灵中的图腾，那徘徊不去的古林芬芳，无不昭示着这片土地的清新、淡雅、神秘。

▶ 云雾林中的吊桥

　　岁月匆匆，记忆的潮水冲刷着太多迷茫，走进蒙特韦尔德，最深的感触就是纯粹。小镇并不繁华，却宛若桃源，纯朴的镇民日出而作，日落而息，平静地展现着一种最平凡也最安逸的美好生活。漫步其间，在钢筋水泥中被折磨得无限躁动的心总会变得平静，这种感觉，在踏进云雾林的时候尤为明显。

■ 终年被潮湿笼罩的云雾林

　　蒙特韦尔德的云雾林是哥斯达黎加七大奇迹之一，在这片占地面积几乎达到 100 平方千米的庞大热带雨林中，生活着 10 万多种哺乳动物、上万种热带昆虫、2500 多种热带植被、100 多种鸟类和 100 多种两栖动物。当每天第一缕阳光从山岚间缓缓升起，金色的斑斓洒遍大地，整个云雾林一天的狂欢就会准时开始。虫鸣鸟叫，猿啼蝶舞，古树虬结的藤条在空中编织成了最美丽的摇篮，调皮的松鼠似乎对凤蝶情有独钟，晃悠着蓬松的大尾巴一路追逐。小鹿仿佛是被青蛇吓到了，不知不觉间竟一头扎进了极限公园的怀抱。

　　极限公园是蒙特韦尔德的宠儿，也是云雾林的骄傲。公园中最引人注目的便是那一座仿佛从云巅伸出来的吊桥，吊桥很长，横跨于两峰之间，看上去仿佛是一座，但实际上它是由六座桥拼接而成的。

　　站在桥上俯瞰整个云雾林，乳白的雾气中点缀着星星点点的绿色，看不太真切，却又给人一种极致且朦胧的美感。穿戴好装备一跃而下，身体会在瞬间失重，极目望去，

但在欧洲大桥蹦极除了刺激，同时也是一种享受。是的，用享受来描述简直再合适不过了。当你拖着长长的绳尾从桥头跃下，遥不可及的阿尔卑斯山在一瞬间和你如此之近，就像俯视一个地球仪，你能从各个不同的角度欣赏阿尔卑斯山的美景，哪怕腹地深处也一览无余。皑皑的白雪、雪峰冰巅绽放的莲花、雪地上腾挪纵跃的黑影、悬崖边茕茕孑立的雄鹰，风在吹，雪在舞，带着那一缕淡淡的唯美，在绳索回弹旋转的刹那，你会觉得自己似乎完成了一次壮举——用眼睛穿越阿尔卑斯山。

　　奥地利本就是童话的国度，因斯布鲁克则是童话中的桃源。大概，唯美的童话终究无法恒久，但如果有机会，用眼睛将一切铭记便已经足够。

◘ 在欧洲大桥蹦极途中可以以不同的视角欣赏阿尔卑斯山脉的美景

◘ 施华洛世奇水晶世界的外观

□ 因斯布鲁克彩色的建筑为自然风光增色不少

醉美风景

黄金屋顶

黄金屋顶又称"新王宫"，是冰雪小城因斯布鲁克除了皇宫之外的另一地标式建筑。它始建于 1500 年，相传是神圣罗马帝国皇帝马克西米利安一世为婚礼而特别修建的。晚期哥特式建筑风格让它显得苍古，阳台上那由 3450 块金箔拼接而成的黄金屋顶却又华美如梦。

施华洛世奇水晶世界

因斯布鲁克的施华洛世奇水晶世界是施华洛世奇公司的总部，也是全球最大、最梦幻、最闻名遐迩的水晶博物馆。馆内一道道水晶墙晶莹剔透，一颗颗水晶更唯美精致，在最先进的多媒体声光技术下，整个水晶世界就是一个现实版的童话世界。并且，水晶世界外的阿尔卑斯花园也风景如画。草场迷宫、游乐场就是孩子们的天堂，二楼月亮咖啡馆更充满了浓郁的艺术气息。

TIPS

❶ 黄金屋顶每年 11 月会闭馆一个月，其余月份均开放，开放时间是早上 10 点到下午 5 点。另外，每年的 10 月到次年 4 月，黄金屋顶每逢周一都闭馆。

❷ 参观施华洛世奇水晶世界的游客一定要看管好自己的孩子，防止受伤或走丢。

□ 黄金屋顶

关键词：山光水色、古老村庄、冰河
国别：瑞士
位置：瑞士瓦莱州安尼维尔山谷内

蜘蛛大桥

★★★★★★★★★★ 山与河之间的翱翔 ★★★★★★★★★★

　　云在飘，风在吹，尼欧克大桥从来都是孤傲的，一根根"蛛丝"串联的不是梦想，而是对蓝天的向往。

▣ 欧洲现存最古老的木桥——卡贝尔桥

　　当日内瓦湖的水光潋滟让你疲惫，当洛桑的雅致和苏黎世的沉厚让你无言，不妨换一个方向，漫步瓦莱，在恬静的安尼维尔山谷追寻那一份已经逝去的童真和幻想。没错，安尼维尔山谷就是一个适合幻想、适合怀旧的地方。

纳威增斯河清净中带着一丝难得的端庄，阿尔卑斯山在河水中倒映着童话般的美丽，格里门茨村茶褐色的古老小屋被三角梅装点得额外精致。秋意融融的傍晚，掬一抹夕阳，站在莫阿赫水坝上，惊艳了眼球的不仅仅是那漫山遍野的火绒草，还有阳光下闪着夺目色彩的奇异冰河。

冰河的咆哮比不上曲水流觞，河畔不远的葡萄藤仍天真地用自己的葱茏向日光邀约，老磨坊的红顶遥遥相望，被风雨剥蚀了的旧木屋似乎在诉说着沧桑，田埂边的小白花也在岁月中变得妩媚，高 190 米的尼欧克大桥反而成了需要呵护的存在。

尼欧克大桥是安尼维尔山谷最独树一帜的风景，这座世界上最高的人行吊桥在整个欧洲都非常有名。桥身上那如蜘蛛网般错落的缆线网住了全世界所有蹦极爱好者的幻想。站在桥上的"蜘蛛侠"们能够用自己都感到惊叹的方式任性地挥霍。飞跃而下的一瞬间抬头看看天，那蓝得仿佛只在伊甸园中存在的天空会赋予你无限的勇气；低下头，俯瞰整个安尼维尔，尚杜拉村的风景嫣然如画，圣吕克村的步道上每一个小黑点都代表着一个梦，琪纳尔村的铜矿山散发着古铜色的光辉，远山的白雪则成了最美丽的背景墙。

一头扎进奔腾的纳威增斯河水中似乎是个不错的想法，只不过散发着冰蓝光泽的冰河眸中似乎已经闪烁起危险的信号。张开双臂，会陡然觉得自己其实就是一只自由自在的鸟，正在山水之间恣意翱翔。一切都忘了，脑中唯一的念头便是"我想飞"。

终于脚踏实地的时候，或许你心中还留有一丝淡淡的遗憾，但当你坐在凉棚中，透过葡萄藤稀疏的叶片仰望蜘蛛大桥——尼欧克大桥的时候，口中冰河葡萄酒的芬芳就能将一切美好都定格。

谁不向往美好呢？所以，没有人会拒绝安尼维尔，也没有人会拒绝蜘蛛大桥，哪怕一生只有一次旅行的机会。

卡贝尔桥

卡贝尔桥是一座木结构的廊桥，该桥全长 204 米，横跨罗伊斯河。卡贝尔桥始建于 1333 年，是欧洲现存的最古老的木桥，也是瑞士的标志性景点。卡贝尔桥的中间有一座八角形水塔，这座水塔早前是关押囚犯用的监狱。

圣彼得大教堂

圣彼得大教堂是瑞士最古老的教堂，我们可以在相关的历史文献中找到它的名字。早至 857 年，瑞士宗教还没有改革之前，圣彼得大教堂是苏黎世唯一的一座教堂。圣彼得大教堂的钟楼上有全欧洲最大的教堂钟表指针盘。

TIPS

❶ 圣彼得大教堂每周日关闭，教堂有活动时不接待游客。

❷ 瑞士一年四季分明，但是气候多变，旅行时应该根据天气携带衣物。

◘ 圣彼得大教堂是人类历史上不朽的建筑艺术瑰宝

第二章

高空展翅

翻过千山，

越过海洋，

看尽日出日落和尘世的繁华与落寞，

从湛蓝的天空中纵身一跃，

只为勾勒出一条完美的弧线，

每一次欣赏这轻舞飞扬的景色，

都像是最完美的初遇。

就让我们化身翱翔天空的雄鹰，

用跳伞来释放我们身体里的热情。

左图：新河峡大桥。从桥面上俯瞰峡谷，会看到两岸树木葱郁，河水在峡谷中奔腾不息，令人惊心动魄

关键词：棕榈岛、帆船酒店
国别：阿拉伯联合酋长国
位置：波斯湾南岸

迪拜跳伞区

★★★★★★★★★★★★ 尽览奢华景象 ★★★★★★★★★★★★

　　大漠孤烟、长河落日般壮美的沙漠风情；外星人基地般科幻的购物中心；耸峙的哈利法塔……迪拜是一个神话般的城市，它能满足你的全部幻想。

■ 哈利法塔——世界上最高的建筑物

　　被称为"海湾明珠"的迪拜一直以来都是富人的天堂，从它诞生的那一天奢华便成了它的记号。漫步迪拜街头，帆船酒店那挺拔的身影在蓝紫色的晚霞中显得格外瑰丽，落日熔金，却融不了沙漠中那浓浓的黄金风情。"夕阳，老树，昏鸦"到了迪拜就自然被演绎成了"星辉，黄沙，骆驼"，苍凉而令人震撼。

　　充满了科幻色彩的购物中心虽然还没有彻底建成，但还是会让人有些望而却步。静静地站在河边，左眼看着"孤帆远影碧空尽"，右眼看着穿梭如织的公交车，就可以下定决心去邂逅棕榈岛了。

　　坐在渡船上，眼中的景色由淡绿变成碧蓝，翻卷的浪花和低飞过头顶的海鸥会让人觉得有些恍惚，不知道怎么就到了棕榈岛跳伞大本营，更不知道怎么就上了直升机。当被那 4000 米高空的纯蓝惊醒的时候，你已经置身于机舱外了。

　　当从 4000 米的高空坠落时，恐惧便成

▣ 世界上最大的人工岛——棕榈岛

了唯一的感受。呼呼的风无情地敲打着耳膜，耳朵在一瞬间失聪，什么都听不到。那一刻，感觉是那么无助，不过当渐渐适应了这一切之后，心中的恐惧就会淡去很多，因为高空下的迪拜已经让人迷醉。

远远望去，棕榈岛真的就像是一棵顶着环状光圈的棕榈树，蔚蓝的大海就是它的陪衬。被誉为地理奇迹的世界群岛散落在棕榈树周围，那一刻真的以为自己看到了整个世界。帆船酒店的风帆赫然在目；哈利法塔的六瓣沙漠之花悠然绽放；而那一片最深邃的金黄，不用想，一定是广袤的迪拜沙漠。

▣ 跳伞——享受失重下坠的极限刺激

■ 俯瞰迪拜的夜景

心被放飞，四肢在高空中伸展，恐惧的眸底也有了轻松的笑意。不知不觉间，降落伞已经拉开，像只大鸟般安然地降落在跳伞中心的草坪上。还没有来得及体味这整个过程就已经结束了，有点意犹未尽的感觉。

爱上迪拜，没有理由，也无须理由，一见钟情，说爱也便爱了，不是吗？

醉美风景

哈利法塔

哈利法塔是世界第一高楼，原名迪拜塔，高 828 米，共有 162 层楼，历时 6 年花费巨资才完工。塔下有湖泊、植物等景观围绕，塔内则集购物、观光、游玩于一体。塔内每秒可达 17.4 米的高速升降机，成为游人体验极速感的最佳

机会。所以，哈利法塔每年游人如织，繁忙异常，称其为沙漠明珠一点也不为过。

棕榈岛

棕榈岛是世界热门旅游地之一，全岛包括阿里山棕榈岛、朱迈拉棕榈岛、氏拉棕榈岛、世界群岛，共四岛；集别墅、公寓、主题公园、购物、潜水等设施于一体。这里有世界第一的摩天大楼，也有室内滑雪场，更有水下酒店，成为世界游人向往的旅游胜地。

TIPS

❶ 迪拜为伊斯兰国家，不许吃猪肉，不许喝酒；穆斯林的斋月公共场所白天禁食禁饮水。

❷ 女性游客在这里应该注意印巴人和阿拉伯异性，避免被骚扰。

关键词：悬崖、童话
国别：瑞士
位置：瑞士中部伯尔尼高地中心

因特拉肯跳伞区

令人惊叹的美

有着英伦风情的中世纪古堡，巍峨峻拔的阿尔卑斯少女峰，两湖之间悠然的天堂小镇，红色的屋顶，葱绿的草坪，高高的悬崖，阳光下不断变幻着色彩的图恩湖……这里是镶嵌在"欧洲屋脊"上的因特拉肯。

■ 一对情侣正在体验高空跳伞

邂逅因特拉肯是因为少女峰。仰望阿尔卑斯山的壮美却不敢有登顶云端的奢望——与其陷入这种纠结，倒不如去体验海拔 4158 米的少女峰。当疾速的动车行驶在被誉为"20 世纪七个工程奇迹之一"的少女峰登山铁路上的时候，那份激动

■ 神圣的大教堂坐落在布里恩茨湖畔，如诗如画

真的难以用语言来描述。透过车窗，能够以不同的角度欣赏阿尔卑斯山的瑰丽，站在铁路尽头的斯芬克斯观景台上更能饱览阿莱奇冰川惊心动魄的美丽。

小镇很美，就像是童话中的爱丽丝仙境。一栋栋红顶的小楼在绿树红花的掩映下别有一番味道，郁金香、百合、火玫瑰、三角梅、火绒草、羊胡子草争奇斗艳，咖啡的醇香则是空气中不泯的芬芳。

跳伞的地方距离小镇并不远，是一座高高的悬崖。站在崖下，仰望那青灰色的崖壁以及半山的青藤，总觉得有些惊心动魄，让人望而却步。穿好跳伞服，捆好伞包，深吸

一口气，闭上眼睛，瞬间便能冲出悬崖，体验人生中最刺激的一次自由落体。

风并不凛冽，但却微微带着几许寒意，刮得耳朵生疼。在急速下降的过程中，眼中的世界美得令人惊叹。左边，皑皑的雪山仿佛是冰雪女神头顶的皇冠，阳光下透出一种蓝中带绿的纯净；右边，黑森林的迷雾还不曾散去，伯尔尼高地便已经开始了最深沉的吟唱；上边，碧蓝的天空仿佛是洗过了一般，若没有撑开降落伞，恐怕整个人都已经和天空融到了一起；最美的是下面，嶙峋的岩石透露着狰狞，不知名的野花独舞着，天堂般的小镇隐逸在桃源，图恩湖晶莹剔透就仿佛

■ 在气势磅礴的群山前，深蓝色的图恩湖躺在阿尔卑斯山北缘

是一面蓝色的镜子，不仅映出了因特拉肯古堡的巍峨，更倒映出了阿尔卑斯山绝美的柔情。心在那一刻剧烈地跳动，突然就有一种不愿意降落的奢望。

世人都说世界上总有那么一个地方能让你的时间暂停，也许，因特拉肯就是这个地方呢。

醉美风景

布里恩茨

布里恩茨是瑞士的一个小镇，这里不但安静悠闲，而且是瑞士的木雕中心，最出名的便是木雕作品。布里恩茨的木雕已经有200年以上的历史，在木雕博物馆内，可以看到各式各样的古董木雕收藏品。很多游人会为了专门观赏木雕、购买木雕作品而来这里游玩，这使它成为以商业带动旅游的特别小镇。

因特拉肯

因特拉肯是瑞士中部的一个城镇，这里有非常多的观光风景区，其中少女峰便是最为著名的一个景点。少女峰是伯尔尼高地的一座山峰，它位于图恩湖与布里恩茨湖之间，坐上少女峰的铁道观光列车就可以到达世界海拔较高的火车站。沿途可以欣赏阿尔卑斯山的壮观，体验冰河下的超级冰宫，给你的旅程留下难忘的记忆。

TIPS

❶ 乘坐小火车或者马车是一种别样的观光方式。

❷ 租一辆脚踏车环游全镇，价格非常便宜，也特别实用。

关键词：大堡礁、热带雨林
国别：澳大利亚
位置：昆士兰州海滨，濒特里尼蒂湾

凯恩斯跳伞区

美景的饕餮盛宴

凯恩斯的明媚是独一无二的，大堡礁千年的守候，昆士兰雨林静默的等待，为的都只不过是仰望那 4000 米不变的高空。

■ 体会跳伞带来的自由落体的感觉，然后，飞翔

黄金海岸的浪漫也许是会传染的，要不然东海岸沉静的凯恩斯不可能变得如此妖娆。曾经的淑丽化作了明媚，悠扬的澳洲民乐也变成了狂野的萨克斯。当旅游成为一种时尚，当凯恩斯这个名字属于世界，迷人的海浪卷起的便全部是欢乐的音符。

在邂逅凯恩斯之前，可以先去看看鳄鱼，哈德利鳄鱼农场的鳄鱼表演真的是精彩绝伦，看着"沼泽王者"温驯地杂耍的感觉实在是无法言喻。当然了，既然已经来到凯恩斯，便没有理由不去大堡礁转一转。水清沙幼、椰林树影的形容或许已经过时，大堡礁的海滩上银白的沙粒其实本身就是一种淡雅的存在。走在上面，绵绵的，软软的，像是踩在面粉上，当慵懒的潮汐将海水带走，大堡礁下五颜六色、绮丽梦幻的珊瑚礁便含羞带怯地显露出了真容。究竟是珊瑚选择了大堡礁，还是大堡礁选择了珊瑚，没有人知道，但在四月温和的阳光下，这片海域真的美得令人向往。

预先准备好的降落旗在大堡礁沙滩上迎风招展。插好降落旗后，袖珍型飞机在期待中渐渐地爬升，100 米、200 米、300 米、500 米、1000 米……云层渐渐被甩在身后，

■ 柔软洁白的沙滩、透亮碧蓝的海水，足以让人为它着迷

一碧如洗的天空就仿佛是翡翠。直至升至4000米，这已经是人类跳伞的极限。

飞机的卷帘舱门被打开，你可能出奇的一点儿都不紧张，反而有一点点小兴奋，风吹进机舱里，发丝飞扬，这时候，就可以跳出去了。在风的吹拂下，动作会不是那么协调，但几分钟后，就能找到平衡。当脸扑进云朵里的时候，轻柔的质感真的让人惊喜。只不过和云朵亲密接触的时间太短，还来不及回味，另一幅动人的美景就已经出现。

从高空俯瞰，大堡礁就像是蓝色玉盘中最美丽的祖母绿宝石，熠熠生辉。昆士兰热带雨林亘古的青翠则是大堡礁最美丽的陪衬。广袤的、层层晕开的绿色，一眼望去，就像是一幅最美的丹青。不知道用什么语言来形容，一切语言都显得那样苍白。"砰"的一声打开大降落伞，拉动升降绳，在空中以顺时针的方式旋转着欣赏整个凯恩斯，甚至能够俯瞰古老而神秘的澳洲东海岸，那种感觉，美妙得令人心醉。

一生总要跳一次伞，若是跳，到凯恩斯来，你不会后悔。

醉美风景

大堡礁
所有爱潜水的人都知道大堡礁这个地方，它全长2000多千米，是世界上大的珊瑚礁岛。其景色自然优美，而珊瑚群则随着海水的不同，变化无穷。在这里，无论乘船还是坐直升机，都可以一览大堡礁的瑰丽风姿。特别是乘坐透明玻璃底的船行驶在海里，海底种类繁多又变化莫测的珊瑚与海洋生物，足以让你乐而忘返。

绿岛
澳大利亚的凯恩斯一直有着热带之都的美誉，它南北两侧不仅有绵延数千米的银色沙滩，更有着从大堡礁水域隆起的绿岛。这座并不大的小岛，外侧被白色沙滩环绕，岛上则充满绿色的林木，站在岛上的码头，可以观赏海中美丽的珊瑚与各色热带鱼。因而，绿岛被游客称为度假天堂。

TIPS

❶ 建议上午进行跳伞，之后可坐缆车游览热带雨林。
❷ 凯恩斯多海鲜，带药物以备不时之需。

■ 大堡礁绚丽多彩的珊瑚是最佳海底奇观

关键词：日落、纽约后花园
国别：美国
位置：宾夕法尼亚州费城以北

波科诺山

跳伞人数最多的跳伞区

在美国，波科诺山不是最高的，却是最精致的。山岚雾霭轻轻笼罩大地的时候，天然去雕饰的波科诺便是最真实的伊甸园。

▪ 跳伞运动——翱翔在白云之上的刺激

当你厌倦了皇后区的繁华，当你不再为长岛而欣喜若狂，当你想要回归简单，当你觉得自己也应该列一份遗愿清单的时候，不妨骑着单车暂时离开城市的喧嚣，到纽约的后花园——波科诺山走一圈。

■ 秋季的群山被渲染了五彩的颜色

　　波科诺山是冬季度假胜地，也是美国的极限运动爱好者的天堂，在这里，打高尔夫、骑马、滑雪、划皮划艇、跳伞、徒步等各种活动应有尽有，德拉瓦水溢口国家游乐区就是人造的梦幻乐园。

　　高空跳伞需要提前预约。没办法，波科诺山的风光实在是太迷人，每年都有数不尽的跳伞爱好者蜂拥宾夕法尼亚，41000人这个世界最多跳伞人数的纪录随时都有可能被创造者波科诺自己打破。

　　如果你单纯地想要玩儿一把刺激，那么

跳伞的时间完全随意，只要天气状况允许，你便能瞬间化身蝙蝠侠。不过，若是你想领略波科诺山乃至整个宾夕法尼亚最美丽的瞬间，那么跳伞的时间最好选在黄昏。

　　飞机不大，升空却很快，当你张开双臂从机舱一跃而下的时候，紧张和恐惧根本就来不及释放就消弭无形。一条条、一缕缕、一簇簇金红色的阳光从西方天际轻轻地洒下。初时，还只有一小片，但慢慢地，就像晕开的水墨画一般，金色在一点点地扩散，红色在不断地加重，当金红色成为主旋律时，波

□ 清如明镜的湖水，映着蓝天白云、绿草树木，美不胜收

□ 布什基尔瀑布

科诺山也被染上了一层最奇幻的色彩。磅礴的光芒静静地照耀着宾夕法尼亚，一块块绿得喜人的农田、一弯弯仿佛是翡翠一般的湖泊、一片片青葱得似要将世界上全部的绿色都敛进怀中的森林在光的浸润下既恢宏壮阔又别有几分恬静。

视线在伞绳飞舞中被拉低，布什基尔瀑布蓦然闯了进来。从空中俯瞰，瀑布的水流就像是天河在倒泄，每一滴水珠都在阳光下闪烁着七彩的光芒，周围的绿树是不可多得的点缀，多一分不行，少一分失色。隆隆的水声虽然听不分明，但单单那抹耀眼的银白和葱绿就足以让人心旷神怡。

落地之后，静静地躺在草坪上，看着天空中升起的第一颗星星，心中便有了一个怎么都抹不掉的念头：长此以往，便是安然。

醉美风景

布什基尔瀑布

布什基尔瀑布一直有宾夕法尼亚州的尼亚加拉瀑布之称，它不但是本地最有名的风景之一，更是世界少有的高大瀑布。其主瀑布区高耸在半空，远远眺望，壮观之姿令人叹为观止。而瀑布周围又绿意环绕，野花遍开，从桥上看下去，一幅瀑布、绿植相互交融的美景呈现在眼前。

德拉瓦水溢口国家游乐区

德拉瓦水溢口国家游乐区不仅是当地历史遗产保护区，也是特别有魅力的室外游乐场所。这里群山环绕，溪流、瀑布相连，而野生动、植物也受到了良好的保护，甚至连所住居民都保持着过去的生活痕迹。在这里不管是漂流、垂钓或者露营，都能让人感受到大自然真正的风光。

TIPS

❶ 观看瀑布时，一定要选择一双合适的徒步鞋。

❷ 独木舟和漂流都是当地有名的娱乐项目。

关键词：桌山之云、好望角、单人跳
国别：南非共和国
位置：西开普省，开普半岛北端

开普敦跳伞区
★★★★★★★★★★★ 饱览"母亲之城" ★★★★★★★★★★★

　　飞到地球的另一边，在高空欣赏帝王花绝对是一个绝佳的主意，顺便带走几片桌山之云也没关系，温柔的"母亲之城"开普敦从来都是慷慨的。

踏上开普敦的那一刻，一种巍峨壮观的气势便扑面而来。这个古老却韵味十足的城市，以它独特的自然景观得到了世界各国游客的青睐。走在开普敦的青砖街道上，享受那古老城堡中散发出来的神秘气息，迎着浪漫温和的海风，便只有一个夙愿——时间可以在这一刻成为永恒，安然恬静地享受这一刻的美好。

　　漫不经心地走过开普敦的每个角落固然是一种美妙的旅行，但是从高空中一览开普敦的神秘与壮阔气息又何尝不是一种新的人生体验呢？这个"母亲之城"倾尽所能，孕育着这里的每一寸土地，高空中的极限挑战，可以让你见识到这个"母亲之城"坚强从容的一面。我想每一次旅行，都需要有一次难忘的经历，至少在以后那些回忆的日子里，我们不会只有朦胧的想象。

　　来到了开普敦，一定要来一次跳伞的极限运动。在开普敦的跳伞区，张开双臂，去迎接人生的一次新旅程，在短暂的几分钟时

▣ 好望角灯塔，像是盖在山崖上的一顶白色帽子

■ 还未打开降落伞的瞬间

间一览整个开普敦的迷人景色。坐在飞机上，一切准备就绪，就等待你鼓起勇气，从开普敦天空跳落下来。此时的你，就像是一只展翅高飞的雄鹰，盘旋在这美丽的天空之中。跳伞的那一刻，内心一定是无以名状的，毕竟这是一种极限超越，整个人已经处于失重状态。此时此刻最重要的是调节好自己的心态，因为在你俯身的那一刻，那些迷人的美景正等待着你投去恋羡的目光。

降落伞在你的身后画出来一道美丽的弧线，你能从这高空中将开普敦的美景尽收眼底。神秘的城堡似乎笼罩着一层朦胧的雾纱；桌山山峰绵延平展，气势磅礴；蜿蜒曲折的海岸线在整个开普敦画出了一条最完美的曲线；湛蓝的海水在阳光的照耀下显得更加清澈透明。享受着开普敦的微凉清风，看着眼下的纯白沙滩，你会完全被这个"母亲城市"的温柔与浪漫所融化，忘记你身在这高空中，只希望这一片美景成为永恒的记忆。

开普敦，一个没有绝世之美却一眼就能使人爱上的城市。如若想为开普敦之旅画上完美的句号，那一定要来一次高空跳伞的极限运动。俯瞰整个开普敦市，看现代的浪漫气息与古代的复古韵味擦出最耀眼的火花，这次旅行一定是你人生之旅中最弥足珍贵的记忆。

◨ 空中拍摄的开普敦景色

醉美风景

好望角

作为开普敦的地标，每天都会迎接无数来自世界各地的游客。在好望角的经纬度标志牌下拍照留念几乎是每个游客都会做的事，而这里最有标志性的景观则是闻名遐迩的老灯塔。来到开普敦，好望角不能错过，老灯塔更是不能忽略的。

阿古拉斯角

阿古拉斯角在印度洋、大西洋地理分界线之处，是非洲南端的一个安静的小镇，除了有着自然淳朴的特色之外，住宅造型的奇特也让人充满期待。阿古拉斯角的街道直通灯塔，这是必去的景点之一，一路走过笔直而坚固的灯塔小路，便可以站在灯塔上看平时所不能捕捉到的非洲小镇。

TIPS

❶ 在好望角老灯塔留念后，可以直接沿着小路到达迪亚兹顶，坐有轨电车从山顶俯瞰好望角全景。

❷ 开普敦除了艺术品和装饰品比较便宜之外，坐游艇到海豹岛或者企鹅生态保护区还可以看到海豹和企鹅。

◨ 好望角是一条细长的岩石岬角，像一把利剑直插入海中

关键词：海滩、阳光
国别：美国
位置：佛罗里达州南部，墨西哥湾内

佛罗里达跳伞区

★★★★★★★★★ 翱翔在海洋上空 ★★★★★★★★★

　　阳光需要拥抱，海水需要亲吻，当洁白的沙滩印下你的足迹，佛罗里达群岛会用伞包为你洒下最暖心的祝福。

🔲 海天一色的着陆地，美不胜收

　　佛罗里达——鲜花盛开的地方。走在这片土地上，你绝对会被它的青春活力所感染，佛罗里达的美不需要任何

赞美之词，哪怕只是回眸间的惊鸿一瞥，你都能感受到它那种令人难以抗拒的美。

　　最爱的是这里的珊瑚岛礁、棕榈沙滩、

■ 约翰彭尼坎普珊瑚礁州立公园丰富多彩的海底世界

■ 在栈道上吹吹海风，也是一种享受

碧蓝海水和那沁人心脾的空气。每一个来过佛罗里达的人都说，它是一个令人解忧的好去处。放松心情，沿着一号公路不急不躁地漫步到海边看清沙幻影，走在那洁白细腻的沙滩之上，望着眼前这如梦似幻的海洋，人生美好也不过如此。

领略了佛罗里达的静态美，也不可以错过属于它的动态美。在佛罗里达来一次跳伞运动绝对是一种别致享受，体验高空降落带来的刺激的同时，更多的是可以一览佛罗里达的全部风景。这时的佛罗里达，高贵优雅，恬静从容。做好了跳伞准备，你便可以与那缱绻的白云并肩同行，在它们的召唤下迈出那关键性的一步，释放自己。

在降落的那一瞬间，你便觉得整个人变得渺小不堪。看着身下这如梦似幻的迷人景象，美艳无比，你便知道你已经深陷在佛罗里达的温柔怀抱之中。色彩艳丽的珊瑚礁群在蓝天的映衬下显得更加魅力四射；眼中的墨西哥湾、群岛、美国最具标志性的一号公路此时已经连成了一线；原本湛蓝的海洋此时已经成为彩色。整个佛罗里达州就在这般美景中安然沉睡，就像睡美人一般，与世无争，静谧淡然。

■ 洁白的海滩一望无际，海滩边上摇曳的棕榈树为其增添了不少柔美的色彩

翱翔在这美妙的海洋上空，所有的羁绊与不快全然被抛诸脑后，此时你便只是单纯的你，将这唯美的风景揽入自己的怀中。在这辽阔的天空中，你只不过是只徜徉在风中的小鸟，时而被身下的景色所迷住，时而驻留、盘旋，为的只是不想辜负了这番美景。人生能欣赏到此番风景，便觉得已是足够。来到佛罗里达，就一定要鼓起勇气来一次高空中的极限挑战，因为就在你跳伞降落的那一刹那，整个世界已被踩在脚下，整个佛罗里达已经成为一个缩影。俯瞰这里的每一寸景色，便是人生中最幸福的事。

只愿我们珍惜旅行的美好时光，不要吝啬每一次的勇敢尝试，因为自然的美景总是能给予你不一样的惊喜。旅程，总归需要我们怀抱激情，面对佛罗里达，我们便该跟从内心，不辜负这岁月沉淀的美好风景。

醉美风景

棕榈海滩

佛罗里达最美丽的地方就是全球著名的棕榈海滩。这里不但气候舒适，海滩景致也非常美丽，还时不时会有艺术活动举办，让你不经意间就可以收获平日想看也看不到的演出。所以，每年世界各地前来晒太阳、看美女、体验休闲与文化共融的游客络绎不绝。

约翰彭尼坎普珊瑚礁州立公园

这里是美国第一家水下公园，它的面积约为 181 平方千米。游人可以使用通气管或者水下呼吸器进行潜水观景，还能坐在透明玻璃底的游船上欣赏海底世界的生动景致。可以与色彩多姿的鹦嘴鱼共同游弋的人生经历，大概只有在这里才可以实现了。

TIPS

❶ 最佳游览时间：12 月至次年 4 月。
❷ 每年 4 月 4 日在棕榈海滩都有海滩爵士节，有美国最著名的爵士音乐大师演出。

关键词：细沙、浮潜
国别：肯尼亚
位置：滨海省，蒙巴萨以南 35 千米处

迪亚尼跳伞区

★★★★★★★★★★★★ 每一跳都降落在沙滩上 ★★★★★★★★★★★★

　　白沙如雪，椰林如翡，迪亚尼海滩没有塞伦盖蒂大草原的自然野趣，没有普吉岛、巴厘岛的繁华如织，但它的存在却能满足人们心中对美好的所有幻想。

　　说起非洲，或许在你的脑中一闪而过的不是各种各样的野生动植物，就是那一望无际的戈壁沙漠。其实非洲的沙滩也是魅力四射的，每一处都蕴含着非洲的独特风味。我想这一切在你到了肯尼亚的迪亚尼海滩之后，便都明了了。

　　这种带有热带风情的海滩，也有非洲的原始韵味。这里微风习习、海岸线曲折、海岛形态各异，迪亚尼海滩每一次都能给我们带来不一样的惊喜。每一次踏进海滩的怀抱之中，总是能领略到它不同的魅力，它是多变的，或青春，或成熟，或妩媚，但是不管是哪一种美，都让人留恋。如果你觉得漫步在海滩，无法领略到整个迪亚尼海滩，那么来一次跳伞运动，绝对会让你体会到它狂野热情的一面。

　　在肯尼亚迪亚尼，着纯净透明的天空，云卷云舒，此时的迪亚尼海滩，就像是非洲大地上一颗璀璨的珍珠，棕榈树在热辣的海风中尽情地摇曳，曲折的海岸线将湛蓝的海

■ 海底的珊瑚礁像凤尾菇一样排列开来，令人神往不已

■ 夜晚被灯光照亮的水像一颗蓝宝石，璀璨夺目

■ 跳伞，从高空可以俯瞰印度洋蓝绿色的海水冲刷着巨大沙滩，美不胜收

洋勾勒得轮廓分明。在 1500 米的高空中，看整个肯尼亚就像是一个小型的圆球，虽然没有艳丽的色彩，但依旧能从它那朴实的外表中窥探出它的内在韵味与美丽。

珊瑚礁轮廓分明，色彩艳丽，如梦幻般朦胧，又如青春般激情，簇拥在一起，就像是一朵明媚的花朵，为整个湛蓝的海洋增添了亮丽的色彩。徜徉在原始淳朴的城市上空，整个人仿佛都被拉回了那个空明宁静的时代。沉浸在这番美景之中，即便是就此沉睡，也觉得是一种满足。

跳伞的注意事项安排好之后，剩下的一切时间就都交给你自己了，仿佛这是一场命运的极限挑战，人生就掌握在自己的手中，无论是恐惧还是从容都是自己义无反顾地选择。俯身的那一瞬间，一定不要闭上双眼，因为这美景不允许我们去辜负。看激情的热浪拍打着洁白的沙滩，炫彩夺目的贝壳在阳光的照耀下更加熠熠生辉，远处的新巴丘国家公园若隐若现。这便是你眼中的肯尼亚，一个温柔却又活力四射的城市，一个有沙漠也有迷人海滩的城市。你便是翱翔在肯尼亚的一只雄鹰，那广阔无垠的天空便是你的归处，那狭长迷人的海滩便是你停留的港湾。

这里的每一跳最后会以落在迷人的海滩之上作为终点。在这里，你可以体会到几分钟高空坠落的极致享受；在这里，你会懂得什么是别样的非洲风情。这一番原始美景，只有迪亚尼海滩能给你，来到它的怀抱，让它带你进入这美好的梦里。

醉美风景

迪亚尼海滩

迪亚尼是世界知名的潜水胜地，更是肯尼亚最大的海边度假中心。这里以洁白的沙滩而著称，长度约达 25 千米；于白色沙滩边侧，摇曳着别有风情的棕榈树。全线水位极低，阳光遍地，沙滩细柔，是游人最惬意的休闲之地。躺在沙滩边的阳光中，看海水起伏，帆船出没，自有一番人未动，心已远的真实感受。

休鲁山国家公园

在肯尼亚的东部，坐落着始建于 1983 年的休鲁山国家公园。这里不但植物环境完善，水牛、羚羊、大象、美洲豹等野生动物都随处可见。休鲁山国家公园是一处植物与动物相融合的地方，自然与生机处处可见，一年四季，不论何时，都可以感受到来自梦想世界的美景与刺激。

TIPS

❶ 需自带遮阳用品、泳衣等，不要去深海区。
❷ 休鲁山的蚊虫很多，若在此处露营，长衣长裤、防蚊液都必不可少。

关键词：白沙滩、牛奶湖、无毒黄金水母湖、
　　　　斯库巴潜水
国别：帕劳共和国
位置：加罗林群岛岛链，西太平洋关岛以南
　　　1126.5千米，菲律宾以东

帕劳

高空中邂逅蓝与绿

梦幻般的七色海水、色彩斑斓的海中舞者、碧海蓝天下的银白畅想、纯美蔚蓝下的肆意穿梭。帕劳——一个错过了肯定会终身抱憾的世外桃源。

■ 跳伞运动员从高空跳下，俯瞰令人心驰神往的美景

帕劳曾经是个很陌生的名字，这个隐藏在菲律宾东边的岛国很多人都没有听说过。踏上帕劳首都科罗尔的时候，你的感觉也许就只有一个——地广人稀。在这里，拥挤就是一个笑话，只要你想，可以纵情地撒欢，纵情地呐喊，整个世界似乎都只属于你自己。

雨后初晴的时候乘坐快艇或独木舟出海

去阿拉加贝山岛是个不错的选择，这座面积只有足球场一般大小的小岛是帕劳的"明珠"，登上群岛环抱的牛奶湖是所有爱美者的终极梦想。湖底灰黑色的火山泥将海水折射成了一片乳白，泡在水中，用火山泥把自己彻彻底底变成泥人的确是一种新奇的体验。美容的效果好不好暂且不说，单单那梦幻般的色彩便已经让人遐想无限。

泡烦了想要休息一下？小憩是最无趣的选择，倒不如穿上潜水服，投入大海的怀抱，来一场斯库巴潜水。牛奶湖旁边距离不过5000米的埃尔马克岛上便是闻名遐迩的黄金水母湖。湖水清澈得难以想象，悄悄溜进湖中，金黄色的水母就会瞬间将你包围。落荒而逃倒是大可不必，水母湖中的水母是无毒的，你可以尽情地亲吻它、拥抱它。这些漂亮的水母就是海中最好的舞者，置身其间，

你会突然有一种众星捧月的错觉，那一幕如梦如幻。

挥挥手，和温柔的水母说声再见，下一刻，你可以坐着直升机直上蓝天。

帕劳的跳伞中心不算特别多，也有些清冷，但走进其中却有一种置身桃源的迷离感。飞机是小飞机，教练都非常热情，从装备怎么穿、跳下的瞬间怎么呼吸、什么时候打开伞包、什么时候能够自由地饱览美景都介绍得非常详细。当然，若是你想留下自己翱翔蓝天时最美丽的笑容，教练也能帮忙。

天气晴好的时候，在3000米的高空一跃而下绝对是一种享受。除了刚开始时稍稍失重的眩晕和不可避免的惊恐，几秒钟后，你就会沉浸在化身飞鸟的兴奋之中。从高空俯瞰，帕劳简直就是人间仙境，尤其是落潮的时候，蓝绿色的海水荡漾着宁静的涟漪，

■ 在帕劳，热带雨林覆盖了大多数岛屿，这些雨林形成了绿意盎然的树海

一条半月形的银色长弧在两岛之间缓缓浮现。蔚蓝的海水，翡翠般的小岛，白得耀眼的沙滩，在鱼儿的欢跃中构成了一幅绝美的仙境画卷。不用过多的粉饰，那天然的色彩与轮廓就足以让人迷醉。若是时间足够，在重归大地之后，你可以亲自去白沙滩走一圈，在路的尽头，你就知道什么才是真正的海阔天空了。

同一道陆上走廊，涨潮时被隐于水下，落潮后又出现在地面。顺着沙滩，可通向另一处小岛，整条长滩就这样时隐时现地连接着小岛与小岛。直至中午，阳光强烈，长滩可以白到耀眼，显得海水蓝到纯净透明，能够使人没缘由地抹去内心的沉重。

TIPS

❶ 在身体条件允许的情况下跳伞。
❷ 帕劳网速慢且收费高，建议不要在当地使用网络。

醉美风景

科罗尔

科罗尔是帕劳的前首都，是一座非常具有代表性的文化之城，值得游人慢慢体味。但它保持着非工业城市的形象，经济收入都是以旅游业来支撑的；风景、娱乐都特别满足现代人的需求。同时这里有着丰富的海洋资源，而引人入胜的则是潜水乐园和浮潜活动。来帕劳，这些都是必须体验的。

长滩

这是在电视中经常看到的镜头：白色纯净的长带沙滩，如

■ 帕劳水母湖拥有世界上独一无二的无毒水母

关键词：跳伞节、十月盛宴
国别：美国
位置：西弗吉尼亚州费耶特维尔附近

新河峡大桥

★★★★★★★★★★★ 一年一度的跳伞节 ★★★★★★★★★★★

　　世界上总有一种神奇的现象叫作化学反应，氢和氧相遇会变成水，碳和氧重逢能变成二氧化碳，那么世界第三长的新河峡大桥与世界第三古老的新河碰撞会发生什么呢？毫无疑问，是大桥跳伞节。

■ 气势磅礴的黑水瀑布

　　每年 10 月的第三个星期六，当西弗吉尼亚的稻香还在空气中飘荡，费耶特维尔就会被慕名而至的世界极限爱好者们装点成一片欢乐的海洋。气球在飞舞，烟花在绽放，路边的矢车菊也摇曳着柔情。新河的流水汤汤、奔腾咆哮却怎么都盖不住

黎明的笑闹。

　　全长 924 米、跨径 518 米、高 267 米的新河峡大桥从建成的那一刻起身上就背负着太多的荣耀。全美第一高、世界第二高、世界第三长，整个弗吉尼亚都为它自豪，费耶特维尔小镇更是它最忠实的拥趸。10 月不算盛夏，但天气仍有些炎热，拉卡拉瀑布的轰鸣仿佛来自天际，新河澄碧的水浪中，"孤舟蓑笠翁"们正在"独钓美国秋"。

　　夕阳西下的时候是小镇最美的时刻，但狂欢似乎永远都不分时刻。新河峡大桥跳伞节（Bridge Day）当天，大桥旁边的四条车道会全部封闭，这片纯美的世界就彻底属于极限运动爱好者和游客了。

　　267 米的高度对跳伞者来说实在是有些低，低空跳伞不是谁都能玩的技术活，作为游客的你虽然心中有满满的欲望，但还是老实地在旁边端好相机比较实在。新河峡的天特别蓝，河岸两边的草木也蒙上一层瑰丽的绿色迷雾，午后温醇的阳光将新河的水染出

■ 新河峡大桥屹立于河流之上，连接河流两岸，从空中或山上看十分壮观

了一片鎏金色，成百上千只降落伞在空中同时打开，一朵朵伞花就像是一朵朵霓裳，炫舞飞扬，美不胜收。

身怀绝技的极限跳伞爱好者们还会在空中一展绝艺：自由翱翔、比翼双飞、空中芭蕾。绚丽的伞、碧蓝的天、青白的云、葱绿的树、淡金的河水、欢呼的人群、粗犷的新河峡大桥这一刻在时间中凝固。

撑一支竹篙，沿着青草更青处漫溯是欣赏这一场狂欢盛宴的最佳选择，垂钓是不可

能了，但着一袭青衫，让整个新河峡、让狂欢的天空成为你的陪衬却没有问题。当然了，若你是"伞国高手"，能够在五秒内拉开身后的伞包，也大可去大桥上纵身一跃，体会一下那种万众瞩目，上帝都在为你欢呼的激情澎湃。

十月流岚，绿蔷薇的幽香交织，如果你不是忙得昏天暗地，不如给自己的灵魂一个挣脱束缚的理由，来新河峡，放飞一个梦。

◘ 新河峡大桥，形状像磐石，曲线柔和，十分秀美

◘ 为了纪念大桥的竣工，筑桥纪念日成为人们的跳伞日

醉美风景

新河峡大桥

新河峡大桥不止用来跳伞，更是完美的观光地。它自身的设计就非常优美，桥面跨径极宽，桁架多达 23 孔，与立柱之间构成坚固的钢架，对桥面进行支撑。站在桥面看新河峡两侧风景，山与景刚柔并济；从上向下俯瞰，流水奔腾，树木葱茏，其势给人惊心动魄之感。

黑水瀑布

黑水瀑布以其黑色的瀑水而得名，它的落差可达 19 米。水由黑水河缓缓流入，到达坎农山谷后才进入黑水峡谷，然后由高处直线冲下，白色的水流衬着黑色的岩石面，如同一汪墨水由天而下。这种奇特的组合形成了黑水瀑布不同于他处的景致，引无数游人争相驻足。

TIPS

❶ 州内公园有 24 座，风景各异，都值得慢慢欣赏。
❷ 喜欢刺激的人可以参加火鸡、鹿甚至是熊的捕猎活动，体验自然生存的感受。

关键词：神秘、浪漫

国别：新西兰

位置：北岛中部山区，罗托鲁阿以南

陶波湖

★★★★★★★★★★★ 高空双人跳伞胜地 ★★★★★★★★★★★

每一个人心中都有一个飞翔的梦想，每一个人骨子里都有冒险的情怀，当冒险和飞翔在不经意间邂逅，陶波湖便成了最好的选择。

◾ 屏住呼吸，感受超高速的极致跳伞体验

初秋时节，红枫已经遮挡不住微微的凉意。这个时候，插上翅膀，飞往地球的另一端，在陶波湖的水光潋滟和四翅槐的奇特芳香中享受一次属于你与他或她的旅行着实是个不错的主意。

慵懒的午后，驾一叶扁舟，在宁静无瑕

■ 胡卡瀑布，大自然的力量使涌入瀑布的水流异常猛烈

的陶波湖上相偎，一边说着绵绵情话，一边聆听着虹鳟的海誓山盟。兴致来了，垂下一根无饵无钩的钓竿，玩一玩愿者上钩的游戏，轻松惬意又趣味盎然。

陶波镇是陶波湖畔最繁华也最神秘的小镇，咖啡馆中偶尔的邂逅或许就是你和毛利巫师命中注定的相逢。古老的毛利部族总是隐藏着太多的秘密，随处在镇上走走看看，除了无法忽视的火山，看到最多的便是铭刻着毛利符号的建筑与艺术品。不要怀疑，当你把一张纹路古怪又精致得难以想象的羽毛面具带在脸上的时候，你也会觉得自己被赋予了神奇的力量。戴着它即便是踏足那古老的硅石台地，遗迹独有的苍古感也会离你远去。

沸腾的火山口和略显狰狞的泥浆池是无论如何都要去的，那里镌刻着毛利人的历史。当然，如果你实在不愿意劳累，乘坐水上观光飞机也是一样的。北岛最大的火山口实际上便是陶波湖，这片和新加坡一样大的水域平静的表象下隐藏的是火山沸腾的血液。随着飞机的不断升高，陶波湖渐渐变成一颗镶嵌在火山平原上的蓝色星辰。背好伞包的你就可以向他或她发出暗号，然后两个人从空中一跃而下。

试没试过空中牵手？那种浪漫简直难以言表。远山，东加里罗国家公园戴着"冰雪贝雷帽"的火山群正旁若无人地谈笑；陶波湖畔的热带雨林一片葱绿；胡卡瀑布如雷的水声已经听不到，但那磅礴的气势、激流飞溅、泡沫如雪的清婉脱俗却一丝一毫都不曾

■ 湖西的西湾，夕阳染红了湖水，垂钓者安逸的生活让人羡慕

改变。西湾陡峭的崖壁一线插天，几只巨大得有些过分的风筝随风飞扬，风筝下的小黑点疾速地移动，带起了一片雪白的浪花。

视线越拉越低，眼前的景物也逐渐清晰，多姆末日火山雄伟瑰丽。火山草甸处，一片绿色的织锦上绣满了雪白的云朵，那是羊群！有多少只羊呢？真想数清楚，但脚下如茵的草坪却告诉你，该降落了。

有人说，跳伞特别容易上瘾，这话没错。你跳过吗？如果没有，到陶波湖来放肆一回吧，一定会获得超值的体验。

以听到水流冲击的巨大声音，这就是胡卡瀑布所在地。站在瀑布下方的观景台感受瀑布从上而下的气势，可以用磅礴一词来形容。流水被阳光照射出耀眼光芒，犹如天际的一道雷电，潮响雷鸣，瀑流电掣，极为壮观。

湖西的西湾

湖西的西湾就在胡卡瀑布的下方，它本是一个巨大的火山口，呈多角形，四周极为陡峭。湖水由7条河流汇集而成，冬季水温也温暖如夏，完全可以游泳。湖面很大，可泛舟可垂钓，享誉世界的彩虹鳟鱼就出产于此。每年有无数游客在这里租船观景的同时垂钓虹鳟，使其成为一个休养胜地。

醉美风景

胡卡瀑布

从陶波湖向北，开车5分钟，再步行30分钟，远远就可

TIPS

❶ 这里气温不高，夏天仅23℃，需随身携带厚衣服。
❷ 从普雷奥拉森林公园开始环湖游览是最好的路线选择。

第三章

云端漫步

如果触摸缱绻的白云已不再是梦，

如果徜徉在空中看日出日落已不是幻想，

你是不是会带着梦走进这人间天堂？

你是不是会惬意地漫步在云端，

将这一切美景温柔地揽入怀中？

左图：银装素裹的阿尔卑斯山和没膝的白雪，让人
一下子就爱上了它

关键词：金色的精灵
国别：土耳其
位置：安那托利亚的腹地

卡帕多奇亚

热气球之旅

千奇百态的喀斯特地貌在卡帕多奇亚这片土地上勾勒出一幅幅动人的美景，错落有致的古老建筑、神秘莫测的陨石溶洞，这一切都是不可多得的美景。

▪ 内姆鲁特山石像是从地上长出来的神灵头像

都说卡帕多奇亚是被另一个星球遗忘的胜地。每一个人眼中都有一个不同的卡帕多奇亚，不得不说，这就是它魅力的体现。俯瞰卡帕多奇亚，那傲岸但又不失精致的地貌首先映入眼帘，带有土耳其韵味的民风建筑更是让人迫不及待地在那儿待上几晚。沿着羊肠小道走上去，你会看见千奇百怪的石头，它们有的像骆驼一样眺望

着远道而来的人们；有的又像弥勒佛一样，为每一位旅客送上最真诚的微笑。或许走到这里，你已然无法自拔，只想更加深入地去探索这谜一般的地方。

当你乘坐热气球俯瞰这片喀斯特地貌的土地时，除了兴奋，更会感叹大自然的神奇与伟大，是它造就了这独一无二地貌，是它将卡帕多奇亚的魅力发挥得淋漓尽致。看着一个个犹如蘑菇一样耸立在这片土地上的岩石，你就会情不自禁地想要去抚摩它们。它们是大自然奇迹的见证，更是这片土地上的守护者。海浪一层又一层地席卷开来，重重地向岩石打来，在岩石身上造就了一圈又一圈的年轮，这些岩石随着阳光的变换，由白色变成了粉色，进而又变成了深紫色。这独特的喀斯特地貌让多少人为之牵肠挂肚，魂牵梦萦，它的美已然无法用言语来形容，只能说它已经美到了骨子里，无可挑剔。

一个个热气球从这奇特的地形上缓缓升

■ 热气球下的卡帕多奇亚岩石表面光洁，在阳光和云影的变幻中，奇特的古城堡也不断地变换着色调

起，你所享受的并不是飘荡在空中的快感，而是能从热气球上看到卡帕多奇亚的全景。夕阳西下，热气球腾腾升起，它们就像一个个金色的精灵，无忧无虑地游荡在这静谧祥和的傍晚。缓缓地伸出手，就可以抓住那飘浮在空中的云朵，你可以与它们一起翩翩起舞，跳一曲妙不可言的探戈。一个个越飞越高的热气球就像是遗落在人间的天使，带着我们一起远离世俗的烦扰与喧嚣。夜幕降临，错落有致的民风建筑亮起了一盏盏明灯，灯光稀稀落落地洒在这勾人魂魄的土地上，勾勒出一条条精致的线条，此时此刻，只想站在山坡上，希望这一刻成为永恒，将这所有的美景拥入怀中。

当然，不仅仅只有你我爱上了这独特的喀斯特地貌，《星球大战》的导演也狂热地追逐着这片摄人心魄的仙境。酷似月球表面的地貌，使它无可置疑地成了电影外景的首选拍摄地，卡帕多奇亚是众多好莱坞影片的拍摄地。

🔳 独特的喀斯特地貌焕发着摄人心魄的美，像精灵的世界，令无数人魂牵梦绕

醉美风景

棉花堡

棉花堡是土耳其的工业重镇，因为它有古怪的好似棉花一样的山丘，所以取名为棉花堡。这里最为出名的还有各式各样的温泉，温泉都是从洞顶直流而下，汇聚成塘，从塘上往下看，可以看到水中倒映的蓝天白云；从下往上看，你会觉得它像刚爆发完的火山，白色的岩浆覆盖了整个山坡。这里的温泉有着丰富的矿物质，是一个放松、缓解压力的好去处。

内姆鲁特山

内姆鲁特山是土耳其人眼中的世界第八大奇迹，位于首都安卡拉以东 600 千米处，被称为迷踪雾国。这里曾经汇集许多神像，但是因为地震的缘故，这些神像都被损坏，神像的人头也滚落在地，但是令人惊叹的是这些滚落的人头就像是从地底长出来的一样，所以它还有另外一个名字——"人头山"。这里没有摄人心魄的美景，但是有着令人叹为观止的遗址，这里的肃穆、庄重无一不吸引着游客。

🔳 棉花堡像大朵大朵棉花矗立在山丘上，更像染白了的大梯田

TIPS

❶ 棉花堡温泉不要浸泡过长时间，以免肌肤受损。
❷ 内姆鲁特山地势险要，需要做好路线规划，以免迷路。

关键词：佛教、万塔之城
国别：缅甸
位置：伊洛瓦河中游左岸

蒲甘

热气球下的佛塔如林

　　缅甸是个神圣的国度，而蒲甘便是这神圣国度的一颗明珠。走进这个城市，古城的历史气息扑面而来，看那日出与日落之间的万塔之城，跳一曲优雅的探戈，这便是对这美好风景的完美诠释。

■ 古城蒲甘，大小不一的佛塔林林立立

　　我听过的最美的一句形容蒲甘的话就是"惊艳蒲甘，妖娆无罪"。是的，蒲甘的美与其他地方的美有着明显的分别，它没有雄伟壮阔的伟岸气质，也没有小桥流水的细腻情感，它有的只是属于缅甸这个国家的历史。或许当你徘徊在这万千佛塔

■ 波巴山上建有纳特神庙和佛塔，是传说中神灵出现的地方

之中，你的心中除了肃穆，更多的是敬重。

赤脚穿梭在千千万万的佛塔之中，寻找渐行渐远的千年佛缘，追忆逝去的每一寸光阴。是的，如果想要领略缅甸佛塔的风采，那你必须赤脚前行，这不仅是对佛塔的尊重，更是一种虔诚的心态。当然了，如果在天气比较炎热的情况下，那你就必须疾步前行，要知道那由一块块青砖筑成的道路是多么的炙热。蒲甘是缅甸的佛教圣地，是历史的象征，是当之无愧的"万塔之城"。千千万万的佛塔林立在蒲甘城内，错落有致，姿态万千。有的像城堡，有的像宫殿，有的又像洞穴，每一个来到蒲甘的人，眼中都有着不同的佛塔形状。此时如若天空再下点绵绵细雨就更恰如其分，看这些佛塔若隐若现地飘浮着，扑朔迷离，似梦似幻却又真实可见，这如痴如醉的美景让人希望这一刻成为永恒。

不过来到蒲甘城，最惬意的事莫过于在万塔之城看日出日落。这里的日出日落是一种绝世之美。来到蒲甘的每一个人都是最幸福的，所以必须珍惜在蒲甘的每一次日出日落。在此之前，你需要做的就是找到一个绝佳的观看位置，等待是对日出最好的告白，看着整个蒲甘寺渐渐地从夜色中苏醒过来，当太阳破晓而出的那一刻，你就会发现这一切的等待是值得的。看着太阳的火红光芒整齐划一地散落在这些高低有别的佛塔之上，你绝对会有一种置身天外的错觉。看完日出之后不要急急忙忙地走开，因为在这之后才是蒲甘的神奇景象。此时的天空已经披上了一层蓝紫色的纱，朦胧得像梦境，而那些树林中的佛塔此时都笼罩着一层白色的晨雾，犹如仙境，温暖惬意。

在这一切都尘埃落定之后，你便可以看见一个个从地面缓缓升起的小气泡，有的是绿色，有的是红色。没错，这就是万塔之城的一道亮丽风景——热气球。看着它们有序地由北向南逐渐扩散开来，你甚至可以看见热气球上的人们热情地朝你挥手。从热气球上俯瞰蒲甘，又是另一番景象：这些佛塔就像是从森林中破土而出的竹笋，正在努力地生长。

当夕阳的余晖洒满整个大地后，你便可以放慢脚步，走走停停，或回眸凝视，或抬头仰望，将这日落时分的祥和与静谧尽收眼底。夜幕降临，在佛塔的钟声之中，缓解一天的疲劳，安然入梦。

醉美风景

瑞喜宫塔

瑞喜宫塔是蒲甘最大的佛寺，塔的每一侧都有一个方形小寺庙，里面藏有铜立佛像。这座佛塔是用石头垒砌而成，是第一座具有缅甸风格的佛塔。清晨来时，你会发现很多佛教徒在此静坐，虔诚膜拜。

波巴山

波巴山高达1500米，在处处是平原的蒲甘城内，一眼能望到的山也只有它了。传说这里是神灵居住的地方，山顶上也有佛塔供人祭祀膜拜。波巴山上长满了奇花异草，还有许多珍稀的鸟类和翩翩起舞的蝴蝶。你需要爬700多级陡峭的台阶到达山顶，蒲甘城的景色便可以一览无余。

▫ 阳光照进寺庙，照耀着认真诵经的小和尚

▫ 在热气球中看着自己逐渐离开万佛之城，阳光温暖地洒在身上，让人终生难忘

关键词：复古建筑、艳阳夺目
国别：意大利
位置：意大利中西部

托斯卡纳

★★★★★★★★★★★ 飞翔在艳阳之下 ★★★★★★★★★★★

沐浴在托斯卡纳暖暖的艳阳下，和风轻拂，漫山遍野的向日葵正露出纯真的笑颜，杯中的葡萄酒正用芬芳向你发出邀请。

🔲 山坡上的小屋，是托斯卡纳建筑与大自然的结合

托斯卡纳是一个有故事的城市，当艳阳洒满整个托斯卡纳，它便笼罩在浓稠的阳光之中。这个风格独特的小城，就连小巷都别具一格，地面的红砖都有着自己的故事。这些微不足道的景色却是托斯卡纳这个优雅之城最美丽的诠释。

不过如果想欣赏全部风景，我建议你坐上绚丽多姿的热气球，自由自在地飞翔在托斯卡纳的艳阳之下。不知道你是否还记得《托斯卡纳艳阳下》这部电影，电影里诠释了最美好的田园生活，男主人在开头说的话："我打算在异国买一幢房子，它有一个美丽的名字，叫巴摩梭罗。它高大、方正，是杏黄色的。巴摩梭罗是由渴望和阳光组成，就像我的内心写照：渴望阳光。"是的，在托斯卡纳，随处都可以见到这样的房子，这里所有的建筑都充满了复古的气息、阳光的味道。

当你徜徉在托斯卡纳湛蓝的天空中欣赏这复古建筑的同时，千万不要忘了别处的景色，比如：圣托圭酒庄，它能让你见识到酿酒背后的传奇故事。从城市上方俯瞰，酒庄满眼的绿色一直蔓延到远方，你能看见那被支撑起来的藤蔓正在奋力地向上攀爬着，一颗颗晶莹剔透的葡萄映入我们的眼帘。看着这一切，仿佛美味的葡萄酒都在呼唤你，邀

请你来品味一下它的甘甜。

当然了，来到了托斯卡纳，就一定要好好欣赏一番这里的迷人农舍，这些农舍大都坐落于葡萄庄园、麦田，与大自然有着最亲密的接触。这一刻，最大的愿望莫过于置身于这一片宁静庄园。

托斯卡纳无时无刻不在给予你惊喜，这里的艳阳可以掩盖所有的灰色情绪，来到这里的人，都只是单纯地享受着这里的一切，将曾经的烦恼或者不快全部抛至脑后。遨游在托斯卡纳的天空中，不费吹灰之力就能将这个小城的所有景色一览无余。那片金黄色的城市，已经成为许多人的梦想之地。你可以随时随地按下相机上的快门键，将这美好的一切定格在你的记忆之中，或许多年之后，

当你再来到这仙境般的小城，又会发现属于它崭新的美丽。这就是托斯卡纳，超越了时间和空间，不被世俗所束缚，每天的它都是全然不同的。它为每一个青睐它的人展现了自己最独特的魅力。飞翔在托斯卡纳艳阳之下，这美妙，值得我们用一生去细细回味。

◘ 爬满墙壁的植物为建筑点缀着绿意

醉美风景

旧宫

旧宫是托斯卡纳地区最宏伟的市政厅，这里有别具一格的罗马风格建筑，从这里可以俯瞰整个领主广场。最重要的是这里是意大利历史的汇聚地、文化的集结地，在这里可以欣赏到许多大家的作品，还有一些唯美的雕刻建筑，大厅的墙壁上有壮观的壁画，这些壁画是历史的象征。

米开朗琪罗广场

米开朗琪罗广场是世界上数一数二的旅游胜地，每年都有许多游客慕名而来。从这里可以俯瞰整个佛罗伦萨，广场内还有新古典主义风格的凉廊，游客们完全可以在这里小憩。除此之外，广场周围还分布着许多青铜像以及一些欧式风格的教堂。整个米开朗琪罗广场就沉浸在这种唯美、复古的氛围之中。

TIPS

❶ 旧宫里的大部分内容是关于意大利历史与文化的，游览前可提前做好功课。

❷ 米开朗琪罗广场是一个俯瞰城市的好地方，找到一个有利的位置，观看效果会更好。

◘ 米开朗琪罗广场中央的大卫青铜像

关键词：海天一体，唯美别致
国别：澳大利亚
位置：澳大利亚东北部

昆士兰

★ ★ ★ ★ ★ ★ ★ ★ ★ ★ 热气球爱好者的胜地 ★ ★ ★ ★ ★ ★ ★ ★ ★

　　昆士兰是这喧嚣的世界上留下来的一片净土，看笔直的海岸线将它锁定在自己的世界里，用宝石蓝般的海水养育着这里的一切。

■ 阳光海岸，不仅拥有美丽的沙滩，其优雅的湖光山色更是让游客不绝于途

　　昆士兰是澳大利亚的阳光之州。这里气候温暖，海风和煦，空气清新，就像是个过滤器一般，可以将所有的负面情绪都过滤在这个城市之外，来到这里，满满的都是正能量。说到昆士兰，总是会让人浮想联翩。想去这梦幻般的海中一探珊瑚礁的真面目；想静静地躺在这金色的沙滩上放肆地来一次日光浴；想行走在这有山、有水的城市，享受车水马龙与优美风景。

　　不过来到这里，最让人兴奋也最难以忘怀的事情就是来一场热气球之旅。或许你会对我的提议嗤之以鼻，或许你已经有过多次

■ 站在热气球上能看到清澈的苍穹如青蓝色帐幕笼罩。颔首望去，大地是如此平坦广阔，如绿色的画布在无尽蔓延

乘热气球的亲身体会，但是这里的热气球之旅只会让你终生难忘，因为我相信这绝对会是你人生中仅有一次的唯美的热气球之旅。

从黄金海岸出发，看热气球渐渐膨胀开来，徐徐地向蔚蓝的天空飘去，温柔的海风拂动你的秀发，尽情地享受，连呼吸都会顺畅许多。俯瞰沙滩，那若隐若现的贝壳闪闪发光，正在勤劳地孕育着珍珠，细腻的沙子干净得没有一丝杂物，洋洋洒洒地被海风吹起，就像是给这个海岸蒙上了一层面纱。而最让人兴奋的，是透过这蓝宝石般却又透彻见底的海水可以看见海底珍奇罕见的珊瑚礁。还有自由自在的鱼儿，它们追逐嬉笑，好不欢快。

热气球渐飞渐远，望着浩瀚的海洋，你甚至都找不到海天的分界线，它们是如此透亮明净，没有丝毫的杂质。不知不觉中，来

到这个现代化都市的上空，这里没有熙熙攘攘的人群，每个人都是根据自己的节奏来生活，那些高楼大厦都被参天大树遮去了一半，你甚至只能隐约看见它们斑驳的倒影。整个城市都是围绕内海建成的，一边是高楼，一边是透彻的海水，你会看到许多帆船驶过城市的中心，还有一些快艇爱好者从你的脚下呼啸而过。

昆士兰是热气球爱好者的胜地。在这个以水为背景，以蓝色为基调的城市里，能看见五彩缤纷的热气球从上空悄然飘过，的确是一件惬意美好的事情。在这个阳光之州，一切都遵从自己的心，跟着感觉走。倘若你喜欢这里的风景，这里的生活，你甚至可以坐在热气球上毫无顾忌地放声歌唱，抑或是张开双臂拥抱属于你的一切。昆士兰是一个单纯却又魅力十足的少女，她会让别人毫无

■ 从上空俯瞰，礁岛宛如一颗颗碧绿的翡翠，熠熠生辉。若隐若现的礁顶如艳丽花朵，在碧波万顷的大海上怒放

防备就不顾一切地去拥抱她，去保护这般美好。这就是热气球的胜地——昆士兰，一个来过就不想错过的城市。

TIPS

❶ 乘坐直升机俯瞰整个大堡礁是不错的选择。
❷ 阳光海岸阳光强烈，注意防晒。

醉美风景

大堡礁

大堡礁是世界最大最长的珊瑚礁群，它纵贯于澳大利亚的东北沿海，有 2900 多个大小珊瑚礁岛，自然景观非常特殊。这里有千姿百态的珊瑚，千奇百怪的鱼类，大堡礁就像是这片海洋里的一颗珍珠，永远散发着最迷人的光芒。大堡礁不适合航行，但是可以进行各种各样的水上运动。此处就仿佛是一座艺术宫殿，让人禁不住去探索它的神秘。

阳光海岸

阳光海岸绵延 100 多千米，由 20 多个大小沙滩组成，这里不仅沙滩迷人，优雅的湖光山色更是让人沉醉其中。阳光海岸玻璃屋山是一处值得一去的好地方，这里有澳大利亚原住民和航海家之间的故事。这座山峰是由 2000 多年前的火山喷发留下的花岗岩所构造而成，坚不可摧。

■ 风光旖旎的海岸

关键词：动物盛宴、国中之冠
国别：肯尼亚
位置：肯尼亚和坦桑尼亚交界处

马赛马拉国家公园

俯瞰动物狂欢

马赛马拉国家公园是大自然的本色，这里有动物的真情流露，有草原的广阔无垠，还有缥缈的天空。

■ 有水源的区域是动物出没的中心

对于非洲的国家，我们好像没有什么唯美的情结，在大部分人的眼中，这里只有干旱闷热的气候和没有任何生机的沙漠。其实这些关于肯尼亚的印象是在情理之中的，毕竟它不像沿海城市，舒适和谐，它给人的感觉除了荒芜就是野蛮。

其实每一个地方都有属于自己的美，如果说碧海蓝天是一种美，那么我们又有什么理由说荒芜凄凉不是一种美呢？肯尼亚的马赛马拉国家公园就是如此，它不愿生硬地改变自己，而是依旧保留着属于自己的独特韵味。

说到马赛马拉国家公园，各种动物绝对会从你的脑中闪现，没错，这里就是动物的天堂，各种各样的动物会让你见识到大自然的神奇。踏进国家公园的第一步，你就知道"天苍苍、野茫茫，风吹草低见牛羊"的灵感来源于何处。

徜徉在这一望无际，杂草丛生的草原中，欣赏着每种动物的姿态，是一种和大自然的亲密接触。但是距离也会产生美，作为一个看客，俯瞰动物的狂欢又何尝不是一种惬意而美妙的享受呢？毫无疑问，这种享受还需要借助热气球来完成。

当一切准备就绪，只待轰隆一声，热气球升上了这片天空，那些曾经你眼中的庞然大物便慢慢地变成了一个缩影，但是它们的每一个动作你还是依稀可见。由此，你的热气球旅行开始了，你即将欣赏的是一场动物之间角逐的演出，是一场动物之间的狂欢。

最先映入眼帘的是正准备迁徙的角马群，而现在它们面临的最大的困难就是如何渡过马拉河，因为马拉河里有成群结队

■ 纳库鲁湖，成千上万的火烈鸟在这里繁衍生息

的鳄鱼在伺机而动。每年的马赛马拉草原上都会上演"流浪之歌"，看这些动物成群结队地挥师南下，这种壮观，我想也只有在这里可以看得到。

浩浩荡荡的角马队伍矫健地蹚过了马拉河，当然也有几头成了鳄鱼的盘中餐；再看凶猛的狮子，也有柔情似水的一面，与相爱的母狮依偎而眠；调皮的秃鹰全部集结在树上，眺望着远方；而可爱的长颈鹿就像是草原上的侦察兵，眼观六路，耳听八方。动物们或嬉笑打闹，或角逐竞技，它们一个个都是这片草原的主人，都在用自己的正义捍卫这一切。

日落时分，草原渐渐地沉浸在一片宁静之中，草原上的动物们也渐渐地安静下来，经过一天的奔波，它们唯一的愿望就是安然地躺在温暖的家里，静静地做一个美梦。动物是真性情，而马赛马拉公园满足了我们的愿望，让我们见识到了真正的动物狂欢。

■ 结伴出行的长颈鹿

◘ 成群的斑马在绿树环绕的草地上散步

醉美风景

纳库鲁湖

纳库鲁湖是世界上著名的为保护禽鸟类动物而建立的公园，被誉为"观鸟天堂"。这里有两百多万只火烈鸟，占世界火烈鸟总数的三分之一。在黄昏时分，看火烈鸟成群结队地在湖面上逗留，那白、黑、朱红色羽毛的火烈鸟与这黄昏时分的金黄色勾勒出了一幅动人唯美的图画。

东非大裂谷

东非大裂谷是纵贯非洲东部的地理奇观，是世界上最大的断层陷落带，也被称为"地球表皮的大伤疤"。肯尼亚境内的这一段裂谷具有最显著的地貌特征，谷内山峦起伏，两侧断壁悬崖像筑起的两道高墙，大裂谷纵贯南北，将肯尼亚劈为东西两半，恰好与横穿全国的赤道相交叉，因此肯尼亚也被称为"东非十字架"。

◘ 角马大迁徙

TIPS

❶ 纳库鲁湖栖息的都是一些珍稀的禽类，一定要保护好它们栖息的环境。

❷ 东非大裂谷地貌显著，地势奇特，参观时要注意安全。

关键词：热气球节、壮观
国别：美国
位置：美国西南部

新墨西哥州热气球节

★ ★ ★ ★ ★ ★ ★ ★ 最美的十月天空 ★ ★ ★ ★ ★ ★ ★ ★

　　新墨西哥州，一个温暖干燥的天堂，一个荒芜却不荒凉的地方。不需要过多的修饰，它所拥有的迷人风景足以令人引以为傲。

▫ 热气球节热闹非凡，精彩纷呈

　　说到热气球节，人们就会不由自主地想到这个现代与复古相结合的地方——美国的新墨西哥州。10月初，在这里你会看到一道美丽的风景：五彩缤纷的飞行在空中的热气球，极其壮观。在热气球同时升上天空的一刹那，所有的热气球爱好者都揣着一颗虔诚的赤子之心，去一探这新墨西哥州的究竟。

■ 卡尔斯巴德洞内钟乳石遍地，在灯光的映衬下，色彩绚丽

■ 独具特色的基督教堂建筑风格

　　10月，整个新墨西哥州笼罩在一种令人激动的氛围之中，宝石蓝般的海水冲刷着岸边的一切，那些高大的建筑在蓝天白云的映衬之下，显得更加鲜亮纯净。飘浮在新墨西哥州的天空之中，可以将这一切美景尽收眼底。你能看见海鸥盘旋在海平面上久久不愿离去，那金色的沙滩上依稀可见的贝壳，还有那尽情享受这清凉的人们。现代化的建筑与古老建筑相结合的城市，其实明明只差了一条街道，却恍如隔世一般。街道两边的景色已然是不一样的，繁华与从容，青春与复古，截然不同的两种感觉。

　　坐在热气球上的你，唯一需要做的就是

自由自在地享受这般迷人的风景。这里没有城市的喧嚣与繁华，静谧淡然；红岩峭壁，从容地屹立在这片土地之上；透彻的溪流安静地从你脚下流过；岸边的水草随风摇曳。坐在热气球上的你似乎都能闻见那青草与泥土的芬芳。

新墨西哥州的一年之中，10月是最美的，而一天之中，傍晚时分便是最美的。夕阳西下，此时的整个新墨西哥州被夕阳的光芒所照耀，天边是金色的一片。而将视线收回来，便看见了一片迷雾般的紫色。华灯初上，跨海大桥已然成为黑夜的焦点，大桥上的绚丽光芒就像是一条通往人间仙境的康庄大道，可以实现你所有不切实际的幻想。

最美的10月天空，在新墨西哥州。在这里，你可以忘记一切烦恼，只为自己而活，看那绚丽的热气球在天空中来来回回，看地面上的行人们情不自禁地行注目礼，你就知道这次热气球之旅绝对是值得的。

新墨西哥州带给我们的除了这美景之外，更多的是一种震撼，就让我们一起沉醉在这美丽的10月天空之中，抛开心中的顾忌与不安。在这个非比寻常的城市里，来一场令人难以忘怀的热气球之旅，让时间定格在这一刻，不喜不悲，只是安静地享受着眼前的这一切。

醉美风景

卡尔斯巴德洞窟国家公园

卡尔斯巴德洞窟国家公园位于美国佩科斯河西岸，新墨西哥州东南部的吉娃娃森林内，它是由81个洞窟组成的喀斯特地形网。它体积庞大，变化多端。它是一处神奇的洞窟世界，是迄今为止人类探测到的最深的洞窟。除此之外，公园里还有许多小型的哺乳动物，每到傍晚时分，所有动物都会出来觅食，场面非常壮观。

陶斯印第安村

陶斯印第安村位于里奥格兰河的一个支流山谷中，是用泥砖和石块建成的村落，它是新墨西哥州文化的最好诠释。直到现在，这里还有各项传统文化活动。陶斯印第安村的建筑非常复杂，当地的民风民俗和建筑特色成为新墨西哥州最具有魅力的地方，也是游客络绎不绝的胜地。

TIPS

❶ 卡尔斯巴德洞窟国家公园里的蝙蝠非常多，大家在观看洞窟的时候要注意安全。
❷ 陶斯印第安村每天都会有不同的文化活动表演，注意把握演出时间。

▣ 700多个色彩艳丽的气球飘浮在阿尔伯克基的上空

关键词：五彩斑斓、热气球的天堂
国别：英国
位置：英格兰西南部

布里斯托

30 多年历史的热气球节

　　人们对天空的向往从未间断，而英国的布里斯托就在用五彩斑斓的热气球点缀着自己，它热情、浪漫、活泼。在这里，随时随地都可以享受一次现实生活中的《飞屋环游记》。

□ 威尔斯纪念大楼

　　布里斯托这个城市与英国其他的城市一样，四处都有唯美的英式建筑，每个人都有与生俱来的英国绅士范。这个港口城市之所以会一跃成为人们向往的天堂，还要从它的热气球历史说起。

　　从古至今，人们对天空的向往就没有间断过，他们有着各式各样的想象，而热气球是他们探索天空的方式之一。布里斯托刚好抓住了这次机会，凭借着优雅的城市环境与自然风景，使这里成了热气球的天堂。不得不说，站在地表看地面和站在高空看地面绝对是两种截然不同的感受，当然，后者所带来的身心上、感官上的刺激是前者可望而不可即的。

　　热气球节的来临，使得这个原本清净的城市顿时变得热闹起来，一场与热气球之间的约会，无论谁错过了都会遗憾终生。我相信这里的热气球数量之多，造型之丰富，颜色之绚丽，绝对是你参加过的热气球活动中从未有过的。

　　在布里斯托的户外草坪上，除了人头攒动，就是五彩斑斓的热气球了，每一个来到这里的人都想体会一番属于布里斯托热气球节的非同寻常。他们也想像《飞屋环游记》的男主人公一般，去探索天空的奥秘。

■ 横跨埃文峡谷的克里夫顿悬索桥与周围的自然环境完美融合，令人惊叹

■ 飘在索桥上空的热气球，像花朵一样点缀在空中

　　热气球已经蓄势待发了。看那形状不一、五彩斑斓的热气球一个个徐徐地上升，就像是一个个天真烂漫的天使，带着人们遨游在这天际之间。此时此刻是不是你眼中的布里斯托已经截然不同了呢？自由自在地翱翔在这湛蓝的天际之间，俯瞰整个布里斯托，就像是一个安谧宁静的小镇。看那房顶覆盖的红色琉璃瓦，将整个布里斯托的线条拉得唯美悠长；再看那郁郁葱葱的树木和绿茵茵的草地，由浅绿色变成了墨绿色。游荡在这一望无际的土地上空，呼吸着新鲜的空气，我想只能用惬意来形容眼前的这一切了。

　　在布里斯托这个充满多元文化气息的城市，热气球节更是为它增添了几分魅力。当你乘坐热气球飞行在布里斯托的城市上空时，你就会发现这里的热气球体验是无与伦比的，没有哪个城市可以与它相媲美。让我们一起携手走进这个浪漫又复古的城市，一起去享受这场热气球上的盛宴，来一场视觉与感官相结合的奇妙之旅。

醉美风景

克里夫顿悬索桥

克里夫顿悬索桥是跨越布里斯托大峡谷的大桥，是世界上最早的大跨径悬索桥之一。这座索桥是维多利亚建筑风格，而且建于悬崖边上。这座壮观的大桥与它所处的自然环境完美结合，堪称布里斯托的一个奇迹。这里是世界蹦极运动的发源地之一，它凭借着自己独特的地理优势获得了游客们的青睐，每年来此一睹悬索桥的游客络绎不绝。

威尔斯纪念大楼

威尔斯纪念大楼是英国布里斯托最有名的新哥特式建筑，靠近皇后公园路，是布里斯托大学的地标性建筑。这里的文化气息非常浓厚，有着极深的历史文化底蕴，去布里斯托一定要去这里看看。

TIPS

❶ 克里夫顿悬索桥横跨在峡谷之上，恐高者要小心。

❷ 威尔斯纪念大楼每月开放的时间是固定的，在前往之前最好进行确定。

关键词：热气球之乡
国别：日本
位置：日本九州岛西北部

佐贺县

★ ★ ★ ★ ★ ★ ★ ★ ★ ★ ★ 亚洲热气球之乡 ★ ★ ★ ★ ★ ★ ★ ★ ★ ★ ★

　　一个弹丸之地，却涵盖了碧海蓝天、浪漫雪山、文化宫殿。这就是日本的佐贺县，一个令人遐想联翩、无尽向往的天堂。

▫ 佐贺国际热气球大会，热气球的火光照亮了夜空，分外壮观

　　日本的佐贺县是个散发着各种不平凡的小县城。它之所以令人心驰神往，还是要归功于它独特的地理位置。因为上天的眷顾，佐贺县便含着金汤匙诞生了，毫不夸张地说，这里满地都是财富。潮涨潮落之间便成就了这里的美味海鲜，日出日落

■ 开满樱花的景观公路

间成就了这里的唯美之境，一眼望去，佐贺县留给我们最多的便是满目的美景。

缱绻的白云忽走忽停，被海风刮起的浪潮一层又一层地扑向海边，碧蓝的海水让人沉浸在这悠远的梦境中不想醒来，而那五彩斑斓的热气球便给整个佐贺县带来了另一种活力与青春。在这多姿多彩中，佐贺县迎来它的辉煌与灿烂。

作为亚洲的热气球之乡，它实至名归。登上热气球的那一刻，你便知道接下来的风景会让你终生难忘。看着自己渐渐地离开了地面，佐贺县的全景就这样被尽收眼底。一片片整齐划一的农田首先映入眼帘，即使在空中，也能闻到泥土散发出来的芬芳；将视线拉远一点，你便可以看到属于佐贺县的特色建筑，这里没有什么高楼大厦，只有一些民风建筑，每一间屋舍都有着浓厚的日本文化气息。仿佛自己已经穿越到了前朝的日本，听一首日本小调，抿一口清酒，这便成了人生的全部。

这里的天空很低，仿佛只要轻轻一触就能够到，但是我觉得佐贺县最唯美的风景还是看一场火烧云。当你坐在热气球之上，看火烧云一点点吞没湛蓝的天空，你便会情不自禁地伸手将这一切拥入怀中，只希望这一刻就此凝固，只愿沉醉在这美丽风景之中，不想醒来。整个天空在火烧云的作用下，已经变成了金黄色，这金黄色就像碧浪一样，从中心向天空的两边扩散开来，中心的颜色是最为明亮的，周围便渐次暗了下去。这时的佐贺县已经完全地沉浸在了这种火烧云带来的激情之中，这唯美景色，在你按下快门的那一刻，便被定格。五彩斑斓的热气球零零星星地点缀在两边，壮观华丽、美妙非凡。

■ 日式城堡

是不是这一刻你就明白了热气球带给你的感动？这就是佐贺县成为亚洲热气球之乡的理由，不需要华丽的辞藻，因为你已经欣赏到了这里的美景，你已经亲身体会到热气球所带来的视觉和感官上的享受。这一次旅行终究会成为我们这辈子弥足珍贵的记忆，毕竟属于佐贺县的热气球之旅就要画上句号，即便你意犹未尽，也只能将这一切留给无尽的想象。

功效。日本居民闲暇时间就喜欢来这泡泡温泉，放松一下心情。

吉野里历史公园

吉野里历史公园是为了保存和利用日本弥生时代最大的遗址——"吉野里"遗址而建造的公园。在吉野里历史公园中，你可以看到大部分古代部落的遗址，这里有着丰厚的日本历史文化气息，是日本农耕文明的象征。园内还复原了高床住宅、高床仓库、祭殿等，是一个极具历史气息的景点，值得一去。

醉美风景

武雄温泉

武雄温泉是历史悠久的温泉，朱色门楼是温泉的象征，也是日本重点的文物保护对象。武雄温泉不仅可以滋润皮肤，使皮肤变得光滑细腻，更有除湿、缓解关节炎的

TIPS

❶ 武雄温泉虽然有非常神奇的功效，但是要避免泡的时间过长。
❷ 吉野里历史公园里都是日本弥生时代的历史遗址，参观之前可以先进行了解。

关键词：唯美城堡
国别：加拿大
位置：加拿大东部

魁北克省
在黎明与黄昏升起

　　每个人都有一个城堡梦，希望自己是城堡的主人，主宰着一切，魁北克省就是这个让你梦想成真的人间天堂。这里的城堡建筑数不胜数，每一座城堡都有属于自己的故事。

　　整个魁北克省坐落于海边，蜿蜒的海岸线将魁北克省变得更加变幻迷离。远远望去，茂密的树林之间零星地散布着城堡。踏上这片土地的那一刹那，就有一种已经来到了迷雾森林的感觉，一切都似梦境一般，让人感觉不真实到希望时间静止。

　　如果你想一探城堡的究竟，那么坐上热气球，从魁北克省的上空俯瞰是一种不错的选择，每一种类型的城堡都被你尽收眼底。

　　当整个魁北克省还处于一片混沌之中时，你就可以为一天的热气球之旅做准备了。在这蜿蜒的海岸边迎来魁北克省的黎明，看周围的一切渐渐地从睡梦中苏醒，迷离却缥缈。在日出之前，一定要确保自己已经坐上了热气球，因为你将迎来一天之中最美的时刻。太阳渐渐从海平面上探出了头，那海天相接的地方，已经被日出时的红晕染红了一半，而你尽情地享受着这清晨和煦的海风，以及渐渐增强的光芒，在你抬头间，整个魁北克省已经在不知不觉中笼罩了一层

▫ 圣约瑟大教堂堪称精雕细刻、金碧辉煌、流光溢彩的艺术建筑

粉红色的光芒。原本如幻境的城堡变得更加的扑朔迷离，你甚至都不敢呼吸，生怕这一切就如泡沫般，一触即破。

　　此时的你，就像是天使般自由自在地飘在这人间仙境之中。蓝天白云、海洋城堡，无一不是美妙非凡的景色，你可以淡定从容地看尽这里的每一寸风景。日出的时候，魁北克省从沉睡中醒来，带给人们欢乐的气息；

■ 像彩虹一样颜色丰富的热气球

而坐在热气球上迎接日落，你便会体会到另一番绝美的风景。

天空中的湛蓝渐渐暗淡了下来，取而代之的是火红色。晚霞拉长了整个魁北克的线条；海平面上的海鸥也在低空盘旋，仿佛在寻找归处。此时魁北克的城堡已经完完全全沉浸在一片金黄色中，仿佛这些城堡已然变成了金碧辉煌的宫殿。金黄色的城堡渐渐退去了耀眼的光芒，天色也渐渐变暗，原本喧嚣的城市一下子安静了许多，唯一能见的就是行色匆匆的行人还有奔驰着的轿车。忙碌了一天的城市此时此刻也将停止奔波，在安静的黑夜里好好释放自己。在魁北克省的城堡之间看尽了人生的日出日落，一天的结束却也象征着另一天的开始，热气球承载着你的城堡梦，让你看尽这里的每一处景色。

醉美风景

诺特丹圣母大教堂

诺特丹圣母大教堂是北美最大的教堂，位于达尔姆广场对面，是一座新哥特式的天主教堂，面积广大，可容纳5000人。教堂西边的塔上挂有北美最古老的巨大时钟。这座教堂外表宏伟壮观，庄严肃穆，内部富丽堂皇，一踏进大门，就能感受到那浪漫奢华的气息扑面而来。教堂里的每一个装饰细节都能体现出艺术的气息，教堂内还有一

◪ 海边矗立着红色的灯塔点亮了一切

个宗教博物馆，陈列着许多具有历史价值的展品。

皇家山

皇家山是加拿大蒙特利尔市最高的山峰，位于市区中央，整座山实际上就是一座巨大的公园，让你可以不费吹灰之力地将蒙特利尔市的景色一览无余。这里保留了皇家山最自然的风貌，山上的两座看台是看风景的绝佳位置。园内还有人工湖，红色的枫叶漂浮在湖面，让人为之沉醉。

TIPS

❶ 参观诺特丹圣母大教堂时切勿大声喧哗。
❷ 皇家山的看台每天人都很多，如果想要占据有利的位置，一定要早早前往。

◪ 8 月份的魁北克省颇有情调

关键词：空明纯净、魅力十足
国别：瑞士
位置：瑞士西南部

阿尔卑斯山脉

★ ★ ★ ★ ★ ★ ★ ★ ★ ★ 将冰川尽收眼底 ★ ★ ★ ★ ★ ★ ★ ★ ★ ★

在这里，你可以享受从春天过渡到冬天的刺激变化。一个生机勃勃，一个冰清玉洁，这就是阿尔卑斯山，一座与众不同、魅力十足的山脉。

▪ 马特洪峰就是美的代名词

阿尔卑斯山一直是人们心目中的圣女，多少人想要登上顶峰，一睹这位圣女的面容。她神秘、恬静、淡定、从容，世间一切美好的词汇用来形容她都不为过。远远望去，阿尔卑斯山就像是冰火两重天，近处是一片翠绿色的草地，上面遍布着一些瑞士风格的建筑，复古、脱俗，那些屋舍就像是宫殿，一个一碰即碎的梦。接着慢慢放宽你的视野，映入眼帘的就是一片冰山，圣洁、纯净，像水晶宫殿一般让人沉醉其中，无法自拔。

此时，坐上热气球，让它带你进入这幻境，将一切的与众不同尽收眼底，我相信这一定会是你人生中的一次震撼旅行，令你终生难忘。随着热气球渐渐地升入空中，那些调皮的云朵在头顶走走停停，阿尔卑斯山渐渐缩小，最后你便可以看到整个阿尔卑斯山全景。远处，一条火车轨道为冰冷的雪山点缀了一丝色彩；火车的鸣笛声回荡在整个阿尔卑斯山，悠远绵长；再看那环绕在冰山周围的树木与草地，为整个沉闷的冰山带来活力。这一切让阿尔卑斯山变得更亲切。

当然，最后我们的视线还是要锁定在这绵延不绝的冰山之上。坐在热气球上，或许你还是能感受到这冰川的寒气逼人，但是这一切都是值得的。当你看到水晶般的冰川在你眼前勾勒出千姿百态时，你一定会感慨不虚此行。这些冰川有的像高大耸立的劲松，直指苍穹；有的像高贵优雅的丹顶鹤，默默地眺望着远方；有的像雄狮，保卫着家园。

俯瞰冰山绝对是另一种美妙的体验，当你飘浮在整座冰山之上时，只能用惬意来形容这一切。阳光洒在冰山之上，折射出耀眼的光芒，此时的它们就像是一颗颗等待被雕刻的钻石，虽然没有任何修饰，但是依旧绚丽夺目。你能看到冰川上一条条岁月的痕迹，这是阿尔卑斯山的风留下的印记。冰川的坚强令人折服，它们不为所动，永远保持着自己最纯真的本色。

攀爬阿尔卑斯山，你可能只能见到冰山一角，但是当你坐上热气球时，你看到的便是整个阿尔卑斯山。那看似冷酷的冰山其实

马特洪峰的观光列车是阿尔卑斯山区最好的交通工具

滑雪是不可缺少的活动

也有它火热的一面，它们用自己的热情让整个阿尔卑斯山变得生机勃勃，似人间天堂，即便寒冷，但能让人的心灵得到净化，这次旅行绝对会成为最弥足珍贵的记忆。让我们一起出发，穿梭在阿尔卑斯山中，将这冰川美景尽收眼底吧。

◘ 修在少女峰之上的观光火车

醉美风景

少女峰

少女峰是瑞士著名的山峰，她以冰雪与山峰，阳光与浮云吸引着世界各地的游客。通往少女峰的交通非常便利，而且少女峰山顶的设施齐全，你可以进行滑雪等各种各样的运动，每一项都会让你终生难忘。

瑞士国家公园

瑞士国家公园海拔跨度较大，是瑞士最大的自然保护区，也是阿尔卑斯山最古老的公园。这里对自然环境的保护非常严格，也因为保护工作做得很好，所以即便是在很远的地方，都可以看到栖息的野生动物。

TIPS

❶ 少女峰的活动设施齐全，参加活动需注意安全。

❷ 瑞士国家公园对自然环境的保护非常严格，如果大家选择徒步旅行，一定要按照规定的路线参观。

◘ 渐渐升空离开地面的热气球

关键词：魅力无穷、朦胧
国别：德国
位置：萨克森州

莱比锡

★ ★ ★ ★ ★ ★ ★ ★ ★ ★ ★ 飞跃城市上空 ★ ★ ★ ★ ★ ★ ★ ★ ★ ★

这个城市年轻却韵味十足、浪漫却不附庸风雅。这里有气势恢宏的管弦演奏、有高贵圣洁的教堂，这就是人们眼中的"小巴黎"。

莱比锡这个城市就像是一个蒙着面纱的少女，它有着少女般稚嫩的情怀。走在这个城市，总是让人觉得一切像是在梦中，仿佛只要多凝视一会儿，它就会红了脸。我们穿梭在欧式建筑中，看青砖铺成的道路上洋气的马车配着嗒嗒的马蹄声。

来到了莱比锡，一定不要忘了坐热气球，飞行在这浪漫的城市上空，从不同的视角来体会一下这个城市的非同寻常。

俯身静静地欣赏着属于莱比锡的唯美景色，在这里，你看不见行色匆匆的人们，只有那躺在绿色草坪上惬意谈笑的人们和那在河中泛舟高歌的人们。莱比锡的节奏很慢，每个人都是走走停停，不忍心错过任何的美景。虽然你会觉得这些景色只在梦中才可能出现，但是这一切并不是南柯一梦，每一寸美景都是我们可以触摸到的。

自由翱翔在万里无云的湛蓝天空，你给了莱比锡青睐的眼神，它则用这一切来装饰你的梦。从高空中看，莱比锡给人的第一印象就是整齐，每座建筑的高度都相差无几。

■ 五彩斑斓的热气球

一眼望去，莱比锡仿佛破土而出，远方的天际就像是一个穹顶，心甘情愿地成为这座梦幻般的城市的守护者。

其实傍晚时分的莱比锡是最迷人的。当你飘浮在空中，看太阳的光芒一点一点地淡去，取而代之的是那勾人魂魄的彩霞。这个时间段，莱比锡都被笼罩在一种紫色的梦幻之中。街头开始亮起灯，莱比锡在璀璨光芒的折射下更加完美灵动。在城市上空，就像

■ 绿意盎然的莱比锡城充满文艺情调

是看到宇宙里的繁星点点，这星星五颜六色，每一颗都绚丽夺目。这个时候的莱比锡也是最热闹的，你可以听见悠扬的风琴声，婉转动人的歌声，还有萦绕在耳旁的钟声。

看着莱比锡渐渐地淹没在黑夜中，一切都归于平静，只有点缀在城市中的繁星依旧熠熠生辉。这一天的莱比锡不仅仅是美丽，更多的是惊艳。或许从这一刻你会发现，一个面积并不大的城市里，却能蕴含许多的故事与风景。或许这只是它的一部分，它的韵味，需要我们用心去品味；它的魅力，需要我们用心去发现。这就是人们眼中的"小巴黎"。

醉美风景

尼古拉教堂

尼古拉教堂是德国最古老的教堂，教堂周边就是尼古拉街区。这里是一个复原的中世纪建筑区。尼古拉教堂有着独特的罗马风格，装修金碧辉煌，古典式的装饰让人迷醉其中。这里所祭祀的尼古拉是航海者的守护神，它让每一位航海者都可以平安归来。因此，尼古拉教堂也被称为"大海的教堂"。

巴赫博物馆

巴赫博物馆位于原先圣托马斯学校旧址附近，虽然 18 世纪时被改造和重建，但是门廊和强大的圆顶结构还是被保留了下来。博物馆内有许多巴赫时期的文献、音乐乐器和家具。博物馆主要分为四个部分，分别介绍了圣托马斯学校合唱班、音乐的指导、巴赫的家庭和巴赫的影响力。

TIPS

❶ 尼古拉教堂有浓郁的德国气息，非常值得参观。
❷ 巴赫博物馆开放时间：10:00 — 17:00。

■ 神圣的教堂恢宏壮观

关键词：五彩斑斓、360°视角
国别：中国
位置：中国台湾台东市

中国台湾热气球嘉年华

趣味与美景一个都不能少

　　热气球嘉年华是一场感官和视觉的完美体验，在台东这个简单明净的小城市里，热气球绝对是一场美妙绝伦的体验。看那湛蓝的天空中漂浮着五彩斑斓的热气球时，你绝对会感慨不虚此行。

▫ 登上热气球，享受御风而行的滋味，欣赏得天独厚的花东纵谷之美

　　不管用多么华丽的言语来形容中国台湾热气球嘉年华的不同寻常，你都无法感同身受，只有亲眼所见，亲身体会它带来的快乐，你才能够发现。或许台东这个地方没有像世界别的地方那样处处充满了大自然赋予的良好先天条件，这里并不是中国

▪ 在热气球上看夕阳洒落在小琉球岛上，如醉如痴

台湾的历史名城，它只是一个简单的小城市，但是它简单的外表下却给我们带来了惊艳。

一踏上这片土地，你就会发现这里的热气球活动绝对是充满色彩的。或许你已经不是第一次乘坐热气球飘浮在天空中，或许你对这一切已经司空见惯，但是这里有很多种热气球，总有一款会让你心仪，你再也不用单调地选择气球的颜色，你可以选择它们的类别。如若你想像向日葵一样，永远朝着太阳的方向盛开，那么别犹豫，乘坐向日葵外观的热气球，与天空来一次亲密接触；如果你童心未泯，那么卡通类型的热气球可以满足你所有孩提时代的梦，让你进入一个只属于自己的童话世界；如果你想跟自己爱的人一同见证这美妙的一刻，别着急，你完全可以坐上心形的热气球，与爱人一起看云卷云舒。说到这里，我想你也应该明白了中国台湾嘉年华的最大特点，那就是满足不同人群的不同需求，当然，不要以为这就结束了，其实这仅仅是个开始。

当与云儿并肩前行时，一定不要忘了脚下的美景。或许你正飞到了花海的上空，这里有成片的向日葵，看着它们一个个都心满意足地笑了，你的心情是不是也舒畅了许多；

花东纵谷是一片绿意和绵延的秀丽山脉，这里还有田园景观，令人目不暇接

或许此时的你正越过高山，看到了一望无际的平原，看那绿油油的草地，你的胸怀是不是开阔了许多；或许此时的你正坐在热气球上看到了今天的日落，看夕阳洒满整个大地，是不是顿时有一种如痴如醉的感觉。

没错，这些热气球带给我们的不仅仅是身体上的享受，更是心灵的净化，从天空中俯瞰我们生活的地方，你会发现原来一切都这么美妙。当然，如果可以，大家还可以坐上热气球去欣赏属于台东的夜景，在这个并不大的城市里，所有的事情都按部就班地进行，你感受不到生活的压力，只能享受到这种安静祥和的夜晚给我们带来的舒适与惬意。中国台湾这个地方，不仅仅是热气球的故乡，而且还是一个令人向往的地方。在这里，你不仅可以得到欢乐，还可以欣赏美景，我相信这是许多拥有热气球的城市所给不了的。

醉美风景

花东纵谷

花东纵谷是中国台湾东部纵谷地形景观，这里有高达 65 米的瀑布，也有为数众多的温泉。除此之外，茶园、果园更是随处可见，尤其是油菜花盛开的季节，那种美真的无法用言语来形容。这里的每一处景观都有一种浑然天成的味道，每一处都会让你刻骨铭心，惊叹不已。

小琉球

小琉球是中国台湾省西南部的一个外海岛屿，是中国台湾唯一的珊瑚礁岛屿，更是没有东北季风的观光驻地。这个地方有丰富的历史，也有非常珍贵的自然资源，生长着奇花异草。这里的渔业也是极其发达，上岛的游客都能够吃上美味的海鲜。

TIPS

❶ 在参观花东纵谷的瀑布景观时，要注意安全距离，以免发生意外。

❷ 每天都有固定的轮船出海到达小琉球，最好提前确定末班轮船的返回时间，以免错过返程的轮船。

第四章

★ ★ ★ ★ ★ ★ ★ ★ ★ ★ ★
岩壁芭蕾
★ ★ ★ ★ ★ ★ ★ ★ ★ ★ ★

高耸的山峰总是会带给我们无尽的快感，

坚硬的岩壁总是会激发我们内心的征服欲。

触碰着冰冷的岩壁，

却能清晰地感受它内心的热忱。

在这绝处逢生之际，

演绎人生最美的篇章，

舞出高贵优雅的芭蕾，

你便是那攀岩的白天鹅，

散发出最耀眼的光芒。

左图：一望无际的蔚蓝大海，美得令人窒息

关键词：勇敢者的游戏、致命诱惑
国别：美国
位置：约塞米蒂国家公园

"船长峰"

攀岩者的极限挑战

你是否对垂直陡峭的岩壁情有独钟？你是否迷恋极限挑战所带来的刺激与满足？你是否也想在这大自然中尽情地释放自己，只为寻找那最初的梦想？这一切美国的"船长峰"都可以满足你。

■ 船长峰，几乎没有缝隙的垂直岩壁，对攀岩者来说极具挑战

在去往约塞米蒂国家公园的路上，你可以欣赏到圣弗朗西斯科国道上的美丽风景，自由、舒坦的感觉充满全身。驾车三个小时左右，约塞米蒂国家公园就会进入你的视线。在这里你可以见到蝴蝶森林，这里有罕见的红杉，也曾经作为电影《猩球崛起》的外景地。说到此，你不妨放慢脚步，好好地感受一番这静谧祥和的大自然景象。穿过蝴蝶森林，你就能看到"船长峰"，能看到这一座座山峰如孤独的勇者，守卫着整个约塞米蒂国家公园。

船长峰没有想象中那么高大，但是这并不意味着你可以不费吹灰之力地战胜它。要知道，有多少攀岩运动的爱好者在攀爬的过程中放弃了，看着终点近在咫尺，却无法抵达，这就是"船长峰"的魅力所在。它的岩壁与地面成90°，而且岩壁是由花岗岩组成，攀爬的过程中，攀岩者们没有任何助力能推动自己前行，因为在这个岩壁上没有任何缝隙，这也加大了攀爬的难度。

清晨的第一道曙光已经洒在了大地上，

■ 约塞米蒂国家公园是上帝最下功夫的作品

攀岩者们蓄势待发，积攒了全身的力量想要完成这一次的极限挑战。他们的体力非常充沛，但随着时间一点一点地流逝，太阳在不知不觉中移到了头顶，攀岩者们此时口干舌燥，大汗淋漓，面对炙热的太阳，他们有点力不从心，但是依旧有一部分人在奋力地攀爬着。他们的心中只有一个信念，那就是抵达山顶，争取属于攀岩者的荣耀。

熬过中午的这段时间，接下来就舒适很多，扑面而来的微风给了攀岩者们信心。夕阳西下，白天喧嚣热闹的约塞米蒂国家公园渐渐归于平静，但是攀岩者们依旧努力地向上攀爬。此时每个攀岩者的体力已经消耗殆尽，支撑他们的是信念，是作为攀岩者应有的毅力和恒心。

黑夜已经慢慢袭来，天空上已经繁星点点，繁星散发出的光芒照亮了攀岩者们前行的路。安静的夜晚，"船长峰"瀑布的声音震耳欲聋，这种声音让攀岩者们得到了一丝安慰，让他们知道自己不仅是一个人在奋斗。攀爬的过程虽然艰辛，虽然有无数个想要放弃的念头，但是最后勇者的决心战胜了一切，到达山顶的那一刻，他们内心的激动我们永远都无法感同身受，但是我相信绝对是幸福的。

▣ 飞流直下的约塞米蒂瀑布成为公园美景的神来之笔

醉美风景

约塞米蒂瀑布

约塞米蒂瀑布位于"船长峰"的腹侧，它是北美地区落差最大的瀑布。它由三段瀑布衔接而成，是世界上第五长的瀑布。当瀑布水量充沛时，远远就能听见它倾泻而下的轰鸣声。尤其是傍晚时分，当余晖照耀在瀑布上时，它就像一条金丝带，为整个约塞米蒂公园勾勒出了一条完美的弧线。

蝴蝶森林

蝴蝶森林是一个让人看一眼就无法忘怀的好地方。这里有各种珍稀的植物，当然，红木是这个森林的特色，因为红木散发的独特香味总是能引来成千上万的蝴蝶在这里翩翩起舞。这样的美景让这里一度成为好莱坞电影的取景地，到这里，一定要放慢脚步，好好欣赏一番。

TIPS

❶ 约塞米蒂瀑布所处的位置极为险要，一定要做好防范措施，确保自身安全。

❷ 蝴蝶森林里珍稀物种较多，参观时注意保护它们。

关键词：垂直峭壁挑战
国别：加拿大
位置：努纳武特地区巴芬岛

芒特索尔悬崖
最纯粹的垂直岩壁

芒特索尔悬崖是上帝对攀岩爱好者们最好的恩赐，地球上最纯粹的岩壁可以让攀岩者们得到一场最完美的洗礼，享受那105°的倾斜角带来的完美挑战。

芒特索尔山是加拿大最高的山峰，岩壁是由纯花岗岩组成的。整个山峰就像是一个倾斜的横切面一般，挺拔地矗立在加拿大的这片土地之上。放眼望去，最先映入眼帘的就是芒特索尔悬崖，不仅是因为它的海拔高，更是因为它独特的造型，这种不对称美让人怦然心动。

攀岩者们非常享受这座倾斜的山峰给他们带来的挑战与乐趣，想要征服这座垂直的岩壁，唯一的方法就是从侧面站到立足点。可能是因为它特殊的弧度就注定了，从一开始，攀岩者们就要付出比平时更多的努力才能完成这次挑战。看着绵延起伏的山脉，这里仿佛就是人生的至高点，踩在芒特索尔山脉之上，内心一定非常激动。

起初攀爬的时候，这一切还并没有那么难，但是随着攀爬高度的增加，芒特索尔悬崖的弧度也逐渐变大，你会发现攀爬越来越不易，似乎一直在进行后空翻的动作，已然失去了重心。除此之外，岩石也越来越滑，之前的积雪并没有化去，这给攀岩者们的攀

■ 奔跑在雪地里的生灵

岩活动增加了难度，他们需要及时调整，去缓解这失重的尴尬。

因为芒特索尔悬崖的整个岩壁都是笔直地矗立在那里，所以攀岩者们很难找到合适的落脚点，他们甚至连休息的地方都找不到，只能整个人紧贴着岩壁，因为只要有丝毫的松懈，芒特索尔悬崖就会毫不犹豫地把他们推进万丈深渊。

用"蜘蛛侠"来形容芒特索尔悬崖上的攀岩者们是最合适不过的，他们的生命就在这断壁残垣中不停地徘徊。每一次的攀爬都需要

屏住呼吸，每一次的攀爬都不能掉以轻心。

　　当然了，攀爬的过程中也一定要好好欣赏属于芒特索尔悬崖所特有的风景。看一座座山峰坚定地屹立在那里，或高或低；看湛蓝的天空就像是蓝宝石一般纯粹得不夹杂一丝丝杂色，飘浮不定的白云调皮地变换着自己的姿势。这一切美景之下，攀岩者们忘却了一身疲惫，唯一的念头就是抵达那个神话般的山顶，去眺望那里的风景。

　　这一切或许并没有我们想象中的那么难，尽管是与地面垂直的岩壁，但是只要我们有信念，就可以征服它，成为真正的勇者。每一个人都有属于自己的梦想，攀岩者们不停地挑战极限，其实就是不断实现自己梦想的一个过程，只要有毅力与恒心，就可以战胜所有的困难，披荆斩棘，抵达人生的巅峰。攀岩对我们而言，虽然是个极限挑战，但是大多数人都是输给了自己的恐惧，其实只要有信念，你就有可能实现自己的梦想，获得属于攀岩者的荣耀。

■ 英勇的攀岩者

醉美风景

奥伊特克国家公园

奥伊特克国家公园坐落于努纳武特地区的巴芬岛，以大面积的北极旷野而举世闻名，它的地质动态变化，堪称加拿大之最。公园大体上是由冰川雕刻而成，因为这里显著的极地气候，植被极其稀少，即便你看到少量的植被，它们为了取暖也是簇拥在一起的。这里的动物种类极少，大部分探险者之所以来这个地方就是看中了它的极地环境和恶劣气候。

大地万物博物馆

大地万物博物馆是一个私人博物馆，博物馆里面因收藏了许多因纽特人的雕刻品和精巧的手工艺品而举世闻名。展馆的面积并不大，但是因为里面珍藏的都是因纽特人的艺术品，所以参观价值也较大。通过这些艺术品，你可以了解到因纽特人的生活状态。

TIPS

❶ 奥伊特克国家公园的环境极其恶劣，进入之前一定要做好充足的准备。
❷ 大地万物博物馆里的展览品都极具历史价值，参观时不要随便触摸，且不要大声喧哗。

罗赖马山

寻找"失落的世界"

罗赖马山是被世界遗忘的一处天堂，是上帝的眼睛。那火红的岩壁就是上帝闪动的明眸，给予每一个攀岩者力量。

◻ 罗赖马山，山体边缘直上直下，顶部平坦，对于攀岩者确实是很大的挑战

罗赖马山独特的桌面形状，让它的美丽也变得不同寻常。在这个周边都是海洋的南美洲，只有它像个超级英雄一样，矗立在那里。从远处看，你会发现它的岩壁是火红色的，就像是绽放的花朵，面对恶劣的环境依旧执着地盛开着。

罗赖马山就像是上帝的眼睛，注视着周边的动态，它的高度决定了它可以环视一切。当然，对于攀岩者来说，罗赖马山就像是死神一般，稍微一个不留神，就可能从高高的岩壁上跌落到深不见底的海水之中。即便是这样，也无法阻挡冒险者们的脚步，因为对于他们来说，征服了罗赖马山，将会是他们的攀岩生涯的莫大荣耀。

■ 巨大的石雕人像像一排哨兵，日夜守卫着复活节岛

　　每一个见到罗赖马山的人，应该都能体会到它的孤单。它形单影只地屹立在那里，周围的一切都无法与它相提并论，它就像是一个遗孤，沉浸在自己的失落世界里。望着它傲岸的背影，直指苍穹，云雾都环绕在它的周边，此时的罗赖马山就像是被遗落在空中的大陆，漫无目的地飘浮着，这如梦境般的虚无缥缈，能把你带到另一个美好世界。

　　攀岩者们整装待发，向这座孤立傲岸的山峰发起了进攻。罗赖马山的岩壁极其陡峭，与地面几乎垂直，再加上它是独立于其他山体的，自然而然地加大了攀岩难度。即便你是身手矫健、经验丰富的攀岩者，也不能掉以轻心，因为一个小小的失误你可能就要付出生命的代价。在云雾中攀爬会有一种腾云驾雾的感觉，你甚至会觉得这只是自己的一个梦罢了。当然，这一切绝对是真实的，只不过是因为景色太美，你才会将自己完全地融入这缥缈的境界之中。此时的你只有一个目标，就是到达罗赖马山的山顶，一睹它的风采。

　　阿瑟·柯南·道尔在看到了罗赖马山之

■ 罗赖马山从平原上隆起，像一艘大船的船首

■ 站在海岸上，享受真正的海阔天空

后，便写了一本名为《失落的世界》的小说。在这本小说里，罗赖马山所带给人们的情感通过一个虚拟的世界被表现得淋漓尽致。但是攀岩者们的到来却给罗赖马山带来了些许生机，看那一个个攀岩者们在这失落的世界里寻找自我，实现梦想，我想罗赖马山的内心也是极其欣慰的。因为它终于实现了自己的价值，它为人们带去了激情和荣耀，它不再沉浸在自己失落的世界里，而是为给别人带来无穷的快乐。

醉美风景

安赫尔瀑布

安赫尔瀑布是世界上最高的瀑布，瀑布分为两级，长的一级瀑布高为 807 米。因为瀑布太高，只有坐飞机才能看到它的全姿。安赫尔瀑布是加奈马国家公园的"镇园之宝"，这个地区的热带雨林非常茂密，但不能徒步前往。在雨季时，河流的水位会上升，人们可以乘船进入一睹它的风采，在其余的时间里，就只能通过飞机在空中一览它的雄姿了。近看瀑布势如飞虹，远眺又如月笼轻纱，只见瀑布从悬崖上飞泻直下，宛如一条英姿勃勃的银龙从天而降，发出隆隆的雷鸣声。总的来说，安赫尔瀑布值得一看。

复活节岛

复活节岛是一座火山岛，属于热带海洋性气候，岛上有大量文物古迹，也被称为"神秘之岛"。岛上巨大的石雕像多在海边，有的立在草丛中，有的倒在地面上，有的竖在祭坛上。复活节岛呈三角形状，长 24 千米，最宽处 17.7 千米，面积为 117 平方千米。岛上死火山颇多，有 3 座较高的火山，悬崖陡峭，攀登极难。

TIPS

❶ 想要看到最美的安赫尔瀑布，最好选择雨季前往。
❷ 复活节岛上的石像众多，切忌在石像上刻字等不良行为。

关键词：攀岩胜地、陡峭艰险
国别：加拿大
位置：加拿大北部

鬼怪峰
冰川间的足迹

冰川的纯洁让我们无比向往，冰川的优雅成为我们不懈的追求。最令人迷醉其中的还是在冰川之间来一次攀岩挑战，在这冰川间激发出自己巨大的潜能。

▫ 河流流经断崖形成了尼亚加拉瀑布，河流陡落，水势澎湃，声震如雷

加拿大鬼怪峰因所处纬度较高，所以山脚下分布了大量的寒带针叶林。这些翠绿的针叶林上挂满了积雪，绿色和白色交相辉映，非常惬意。再来看看鬼怪峰的岩壁，全部是墨色的岩石，每一块岩石的轮廓都非常鲜明，从远处看，似乎是这些

■ 秀丽的里多运河横贯全城，为其平添了几分秀色

岩石一块块地拼凑成了这鬼怪峰。

　　攀爬鬼怪峰不仅需要勇气，更需要好技术和很强的应变能力，因为这里的地理条件比想象中恶劣许多，如果攀爬技术有所欠缺，那么就有可能因此而丢了性命。鬼怪峰两侧的冰川就像是鬼怪峰的守护者，仿佛在告诉世人，鬼怪峰不容侵犯。也正是因为这两座冰川，加大了攀岩者的攀爬难度。因为他们无法找到合适的立足点，只能小心翼翼地走在冰川之间。

　　可能是因为气候所致，鬼怪峰的岩壁饱经沧桑，因为这些都是大风留下的痕迹，看那山顶上已经被打磨得透亮的岩石，就知道

岩壁自古以来经过了多少雕琢。在这里，很少可以看见湛蓝的天空，只有厚重的白云笼罩在鬼怪峰的周围，让人无法呼吸。这一切的景象都是像告诉人们，暴风雨即将来临。

　　每一次攀岩者们将自己的足迹留在冰川之间，他们都是自豪的，他们都是光荣的。当然，登上鬼怪峰的攀岩者少之又少，不是因为不够勇敢，而是太困难，他们只好放弃。极限挑战成功的荣耀背后，绝对有无法名状的辛酸史。当你登上鬼怪峰的那一刻，俯视山脚，仍然是一片朦胧的世界。因为寒气环绕在山周边，星星点点的针叶林银装素裹，就像是圣洁的少女一般，不允许任何一个人

来玷污这美好与纯净。

鬼怪峰给我们的印象永远都是遥不可及的，它的艰险、它的陡峭，让多数人都只敢远远地欣赏它的冰川之美。它就像是一个不苟言笑的冷美人，因为在这冰川之中待了太久，所以都已经忘记了要怎么微笑了。但可能就是因为这种冷酷的外表，才让越来越多的人想要温暖她，融化她。征服鬼怪峰不仅仅让人有荣耀之感，更重要的是会让更多的人来一探它的庐山真面目，或许它没有我们想象中的那么冰冷，或许它也有一颗激情昂扬的心，让我们行走在这冰川之间，留下我们的足迹，为鬼怪峰增添些许色彩。

了所有的游人。从伊利湖滚滚而来的尼亚加拉河水流经此地，突然垂直跌落 51 米，巨大的水流以银河倾倒之势冲下断崖，形成了气势磅礴的大瀑布，声及数里之外，场面震人心魄。

里多运河

里多运河位于加拿大的渥太华，全长 202 千米，连接着渥太华和京士顿。现如今的里多运河，有着世界上最长的滑冰场，它也是渥太华重要的旅游资源，春、夏、秋三季可乘船游览观光，冬季，冰上健儿可以在此一展身姿。冬天的里多运河是最为热闹的，因为各种各样的运动都是在冬季开展的，除此之外，你还可以看见玲珑剔透的冰雕和憨厚雄浑的雪雕，这些美景都让人无比地留恋，希望时间可以过得慢一点。

醉美风景

尼亚加拉瀑布

尼亚加拉瀑布位于尼亚加拉河中段地区，有着世界七大奇景之一的美誉。它以宏伟的气势、丰沛而浩瀚的水汽震撼

TIPS

❶ 尼亚加拉瀑布因为落差大，声音震耳欲聋，所以心脏病患者、耳鸣患者最好不要前往。
❷ 里多运河最美的时候就是冬季，最好在加拿大冬季的时候前往。

关键词：雄奇险秀、纯美
国别：智利
位置：百内国家公园

百内塔主峰
无法抗拒的魅力

　　热情如火，便是那智利；魅力四射，便是那百内塔主峰；将山地、冰川、河流、湖泊完美结合，便只有它了。面对百内塔，人们从未停下追逐的脚步，从未怀疑它迷人的风采。

■ 雄奇险秀的百内塔主峰，让攀岩者无法抗拒

　　从远处眺望，百内塔主峰就像是遗落在人间的天使，看着朵朵白云盘旋在峰顶之上，你根本就不会想到这样的一座山峰却有如此多的景色。横亘在百内塔主峰前面的是一片疾风劲草，看着那黄绿相间的野草随风飘舞，像是为这孤傲的山峰跳一支倾世之舞，只为博它一笑。百内塔主峰的岩石颜色是渐变的，最底层是幽幽的黑色，依次往上看，颜色便越来越淡，但是到山顶

的时候，颜色却又突然变暗了。当落日时分，你又会看见百内塔主峰一半是灰色，一半是金色。

　　冰川与百内塔主峰遥相呼应，看那清澈的河流与湛蓝的湖水相互衬托，勾勒出一幅人间仙境。在这里，攀岩者们可以欣赏到多种类型的地貌；在这里，攀岩者们可以看到千万条纵横交错的峡谷；在这里，你会被百内塔主峰的魅力所折服。

　　我想来这里攀岩的人们是幸福的，因为他们不仅可以享受极限挑战带来的快感，还可以在这重重美景之中净化自己的灵魂。攀爬在百内塔的主峰之上，他们一个个身手矫健，步伐沉稳，时而低头看看脚下的美景，时而看看湛蓝的天空，看那交错的峡谷在他们的脚下肆意蔓延，这种感受是在其他的山峰中体会不到的。百内塔主峰上的岩石也是凹凸不一的，所以这也加大了攀爬的难度，当然，有经验的攀岩者就会借助这一地理条件，帮助自己完成此次的挑战活动。

◘ 百内国家公园特有的栗色羊驼

这里的天空永远都这么清澈空明，没有任何杂质。在这里，你完全不用担心在攀爬的过程中会碰上极端天气，只要你准备充足，随时都可以出发。到达山顶之后，你可以真切地体会到一览众山小的气魄与魅力，整个巴塔哥尼亚平原就在脚下，你可以一睹它的风采。那无数条相互交错的峡谷就像是百内塔主峰的血管，里面流淌的都是属于这片土地的血液，它的魅力于攀岩者来说，是无穷无尽的。攀岩者们根本就无法抗拒这山脉给他们带来的诱惑，除了本身对攀岩的热爱，他们更多的是被这豪迈却又细腻的风景勾住了魂魄，从此欲罢不能。

是的，百内塔主峰之所以能成为世界十大攀岩胜地之一，并不是因为它多么陡峭，多么险峻，而是因为攀岩者们在攀岩的过程中，不仅可以享受到极限挑战的乐趣，更可以一览唯美的风景，这种双重收获是在别的地方得不到的。

醉美风景

百内国家公园

百内国家公园位于巴塔哥尼亚高原之上，这里天气多变，时而晴空万里，时而多云有雨。公园内有纯美的冰川可以欣赏，在去冰川的路上，你可以看到五颜六色的野花、碧蓝的湖泊和翠绿的河谷，以及有皑皑白雪的山峰。公园内有固定的环形山路，但是因为这里的天气变化让人捉摸不透，即便是找到了一个可以一览群景的好位置，你也会被这多变的天气折腾得没有任何拍照的心情了。

阿塔卡马沙漠

阿塔卡马沙漠位于南美洲西海岸中部地区，这里气候干燥，被称为"世界干极"。阿塔卡马沙漠虽然干燥，大自然却非常青睐它，利用自己的鬼斧神工将这里塑造出了迷人的景象，远远望去，宽阔的盐碱地和永恒的雪火山别有一番趣味。去了这里，一定要去月亮谷，因为这个地方的地貌就如同月球一般，所以才有了如此美丽的名字。这里是智利的旅游胜地，每年都会吸引众多的背包客。

TIPS

❶ 百内国家公园里天气变化多端，一定要准备好雨具。
❷ 阿塔卡马沙漠极为干旱，出行之前应准备好充足的水。

关键词：山峰、神圣
国别：瑞士
位置：瓦莱州小镇采马尔特

马特洪峰

坠落之殇

★★★★★★★★★★★　　　　★★★★★★★★★★★

　　它是平原之地挺拔的劲松，它是神圣不可侵犯的圣洁之躯，它是瑞士人心中不可磨灭的骄傲，它便是马特洪峰，阿尔卑斯山上一道亮丽的风景线。

◾ 矗立于山腰上的民屋，绿草如茵，令人豁然开朗

　　远远地望去，马特洪峰像是在画里一般，它就像一把顶天立地的锥子，岿然不动地屹立在那里。放眼望去，它的前面就是纯净的湖水，就像是一面镜子，让马特洪峰可以时时刻刻保持完美的形象，以最美的状态展现在人们的面前。

　　不知道是不是因为马特洪峰太高了，让人误以为山上有一条通往天际的路。这里的环境让人无比地自在与放松，每一个人在看到那缱绻的白云和湛蓝的天空时，内心都会变得平静。这座山虽高耸，但不孤单，因为每天都有不同的看客和登山者来一睹它的风采。可能是因为它本身的险峻，让许多人望而却步，多少想要征服它的人也半途而废。可能就是因为人们内心强烈的征服欲和好奇心才让它魅力四射。

马特洪峰上的积雪并不多，但是你依旧可以远远地看见它纯净透亮的一面，它以一柱擎天之姿，直指苍穹，夕阳西下之时，你便会看见山顶上多年的积雪折射出一种金属的光芒，绚烂耀眼。

毫不夸张地说，马特洪峰在每一个季节都是迷人的，即便在下雨天半个山峰都被乌云笼罩的情况下，一道闪电直直地劈下来，仿佛是山峰自己闪烁的一缕光芒，想要挣脱黑暗的束缚，获得重生。攀岩者们从踏上山峰的这一刻开始，就注定要承受它与众不同的气质，它的锥形山峰注定会加大攀岩的难度。既然作为瑞士人眼中的骄傲，必然有它的过人之处，正是因为它的难以征服，才会让所有饱含挑战之心的人跃跃欲试。

看马特洪峰突兀地矗在那里，你的内心或许有些许恐惧，毕竟它的险峻陡峭是一般人所无法承受的。每年都有很多前去探险的人因为缺乏经验、意外等而丢了性命。勇于尝试的人都是值得敬佩的。当你征服了整个山峰之后，你一定会庆幸自己没有放弃，因为登山的过程中，你会看到属于马特洪峰不同时段的美丽。清晨，看马特洪峰渐渐从黑暗中苏醒过来，睡眼蒙眬的它是墨绿色的；正午的时候，你可以看见它被雪覆盖之后的纯净与空明；夕阳西下的时候，你可以看见余晖洒落在它身上，此时的它是金黄色。它

▪ 在山花的掩映下，仍可看到一柱擎天、直指天际的马特洪峰

是多变的，是魅力十足的，勾动了人心深处最为柔软的东西。或许此时的你就只有一个简简单单的愿望：在山下定居，每天欣赏这动人的美景，便足够了。即便在这里坠落成伤，让无数人望而却步，但是它的美并不会因此而大打折扣，每一个想要征服它的人从来不会后悔。美丽如它，信念如你，不舍不忘，不怯不弃。

▫ 坐缆车游览，壮丽的景观尽收眼底

醉美风景

少女峰

少女峰是世界知名的雪山，它就像是一位少女，披散着头发，恬静安然地仰卧在冰雪之上。这座雪山上还有欧洲最高的火车站，游客们既可以徒步登上雪山，也可以选择坐火车到达雪山之顶，这两种登山方式都各有特色。这里还有一个观景台，可以观看到少女峰的全景。现如今，少女峰已经成为世界自然文化遗产。

冰川天堂

冰川天堂位于马特洪峰的附近，这里拥有欧洲最高的缆车站和观景点，从这里，你可以看到马特洪峰的全景，以及它周边的各种风景。这里的冰川远远超乎你的想象，坐在缆车上，你可以看见各种形状不一的冰川，洁白的冰面，幽然的冰洞，让人叹为观止。

TIPS

❶ 去少女峰的火车都有固定的时间点，一定不要错过上山下山的时间。
❷ 冰川上的风非常大，最好准备一副眼镜。

关键词：雄奇险秀、荣耀之战
国别：阿根廷
位置：巴塔哥尼亚

拖雷山

★★★★★★★★★★★ 攀岩者的荣耀 ★★★★★★★★★★★

它没有其他岩壁的傲人高度，但是凭着恶劣的气候条件得到了挑战极限的人们的青睐。阿根廷拖雷山，以自己独特的方式成了攀岩胜地，让每一个攀岩者都以征服它作为莫大的荣耀。

当你踏上这片土地的时候，你就会发现它的与众不同，除了陡峭，更多的是它所处的位置非常特别。它坐落于阿根廷冰川公园之上，在这里，你不仅可以享受到攀岩的快感，还可以体会到极端天气带来的刺激。

远远望去，你可以看见拖雷山的山顶直触苍穹，屹立不倒的山峰像是一个路标，指引每一个攀岩的人不断地向上攀爬。你依稀可以看见拖雷山上未融化的冰雪，在主峰的旁边，还点缀着许多小山峰，它们就像是主峰的使者，守护着每一个来此挑战的人。

一切准备就绪，就可以正式向拖雷山宣战了。看着被冰雪笼罩的山，或许心里会有一丝怯懦，但是这种情绪很快就会被想要征服它的欲望所吞噬，是的，登上山顶将成为你一辈子的荣耀。远远看去，我们只能看见湛蓝的天空、巍峨的拖雷山还有不断向上攀爬的人们。当然，攀爬的过程并没有你想象的那么简单，因为这里的极端天气远比你想

■拖雷山非常陡峭，不少攀岩者都以能登上这座险峰为荣

象中更加恶劣。或许在攀爬的过程中，会突然电闪雷鸣，狂风大作，乌云密布，整个拖雷山被裹上一层黑色的外衣。但是此时的你却无法放弃，唯一的选择就是迎风而上，任凭那厚重的雨点打在脸上，即便模糊了视野，也要不屈不挠地攀爬。当你已经在狂风暴雨中战胜了自己，天空又渐渐地退去了原本阴沉的面孔，刺眼的太阳会毫不犹豫地突出重

■ 坐在清如明镜的湖边，心如止水

围，用那最强烈的光芒给予你致命一击。但是面对太阳的炙烤，你无法抗拒，尽管大汗淋漓，尽管口干舌燥，但是为了攀岩者的荣耀，你必须前行。

快抵达终点的时候，也是最让人痛苦的时候，山顶未融化的积雪让你无法轻松前行，你必须踩稳脚下的每一步，依靠自己的臂力一下一下往上，或许此时你已经筋疲力尽了，但是只要你一松手，便会跌进万丈深渊。在坚持抵达目的地之后，你会有一种无法言表的兴奋，一种一览众山小的豪情壮志，此时的你会觉得自己闪闪发光，因为你拿到了属于攀岩者的荣耀。曾经的不可能在这里一一实现，你成了攀岩者的标杆，成了自己的骄傲，这一切都是别的攀岩场所给不了的。这就是拖雷山的魅力，一座并不高的陡峭山峰，却成了每一个攀岩者所追求的荣耀象征。这是一场荣耀之战，只要你有勇气，只要你有毅力，荣耀的光环就是属于你的。

▣ 阿根廷历史名城——门多萨

醉美风景

火地岛

阿根廷的火地岛算得上是一个省，每当南半球的夏天来临时，旅客会络绎不绝。虽然它名叫火地岛，但是在岛上却有很多的冰川。这里还有罕有的企鹅，风景让人流连忘返，即使来过一次，还总是期盼着有下一次。这里大部分时间处于冬季，夏季是最舒服惬意的季节。来这里一定要去看看大冰川和瀑布，不然绝对会抱憾终生。

门多萨

门多萨是阿根廷的历史名城，走近这个城市，历史的气息扑面而来。这里除了有深厚的历史文化底蕴，葡萄酒也举世闻名。这里每天都有来来往往的行人，热闹非凡。偶尔你会发现民间歌手正在街头即兴高歌，甚至有的人会伴随着音乐声翩翩起舞，这就是门多萨，浪漫、深沉，是一个值得去的好地方。

▣ 火地岛，可爱的企鹅点亮了这里秀美的风景

TIPS

❶ 在火地岛看冰川的时候，一定要备好棉衣，以防感冒。

❷ 门多萨的葡萄酒虽然极为著名，但是切勿贪杯，饮酒一定要适量。

关键词：攀岩线长、难度与美景并存
国别：巴基斯坦
位置：巴托罗冰川

"无名塔"峰群

世界上最长的攀岩线

看火红的花岗岩在这里成就了一次又一次的奇迹，看着世界垂直落差最大的地方为攀岩者带来了一次又一次的荣耀。"无名塔"峰群，用它最长的攀岩线打动了每一个攀岩者的心。

■ 拉合尔至今仍然保留着昔日富丽堂皇的建筑物

整个"无名塔"峰群都处于跌宕起伏的状态，它们在冰雪覆盖的风景中突出的山尖犹如鲨鱼的牙齿一般，这里是每一个攀岩者梦想中的"香格里拉"。在这些峰群里，你可以看见陡峭垂直的冰山谷，险峻奇秀的岩石面，还有白雪皑皑的山脊。

攀爬"无名塔"峰群的路线有很多种，攀岩成功的人会发现，"无名塔"峰有四处山

▫拉合尔街道上卖牛奶的男人

积雪重重的岩面，这些现实毫无疑问加大了攀岩的难度。他们在攀爬的过程中必须全神贯注，否则就要为自己的失误买单。"无名塔"的群峰层次都很鲜明，岩壁都是由一块块棱廓分明的岩石组成的，每一座山峰的高低都不一样，这就造就了一种一山更比一山高的完美视感。

不过值得一说的是"无名塔"群峰的山脊线只有一条，而且很容易被发现，这在一定的程度上降低了攀岩者们的难度。一边攀爬，一边欣赏那些美景，好不惬意。虽然这条攀岩线比一般的山峰长很多，但是在这白雪皑皑、冰川交错的美景下，你的心情也会得到放松，仿佛在瞬间，你就已经接近山顶。

当然，越接近终点，面临的困难就会越大。此时的山顶积雪已经冻结成了厚厚的冰块，攀爬的难度随之加大，攀岩者们如果不小心，就会前功尽弃。面对着布满冰块的岩壁，攀岩者们要使出浑身解数，抓住岩壁的每一寸，才能确保自己不会滑落。值得欣慰的是，这种路程毕竟不会太长，因为胜利就在眼前，终点近在咫尺。

站在峰顶之上，你能看到脚下那片金黄色的沙地，能看到更加透彻明亮的天空，能看到更加纯白洁净的云，你仿佛就是宇宙的主导者，周边的一切都在等你发号施令。这便是属于胜利者的心境与幸福。

顶，因为走的路线不一样，抵达的终点也会不一样。触摸在那火红的花岗岩岩石之上，你的内心会像这岩石一般激情澎湃，此时的你只想用自己全身的热情去完成这次挑战，希望让自己成为一个不辱使命的攀岩者。

看着那被冰川所包裹着的"无名塔"峰，每个人都会有点犹疑不决，毕竟在攀岩的过程中，有着太多的意外，或许因为一时冲动，就要为此付出沉重的代价。但是当这些想法雁过无痕般地被我们内心强烈的征服欲所掩盖时，所有的信念都是到达山顶，成为攀岩中的王者。

陡峭的岩壁，世界上最长的攀岩路线，

醉美风景

拉合尔

拉合尔是巴基斯坦的灵魂，拥有 2000 年历史，堪称莫卧儿强盛国力的完美体现。巴基斯坦人说：一个巴基斯坦人要是没有去过拉合尔就等于白活。7 世纪，高僧唐玄奘曾在著作中详细介绍了在这座城市访问时的见闻，成为历史上这座城市的最早记录。拉合尔素有"花园城市"之称，

■ 罕萨河从远山之中蜿蜒而来，河水衬托着两岸已被秋色染黄的树木，显出一片宁静，有世外桃源的感觉

它是巴基斯坦的文化与艺术中心，这里有蜿蜒的护城河，有红砖砌成的墙壁。在这里，你可以体会到它异样的民族风情，可以体会到它热情好客的文化风韵，也可以体会到它深刻的历史渊源。

罕萨河谷

罕萨河谷是巴基斯坦的"香格里拉"，是世界五大长寿之乡之一。罕萨河谷的自然风光唯美动人，尤其是秋天，看那云杉渐黄渐红，住所处炊烟袅袅，远处的雪山纯净透明，完全没有秋天的肃杀之感，反而是一种空明静谧的祥和之感。除此之外，这里还有着丰厚的文化历史，就像是一个世外桃源，每一个来到这里的人，都可以摒弃一切烦恼，只是单纯安静地享受这一美景。

TIPS

❶ 最佳游览时间：10 月至次年 2 月。
❷ 罕萨河谷的秋天是最唯美的，建议大家可以秋天前去。

关键词：冒险、攀岩胜地
国别：泰国
位置：甲米市和奥南市之间

莱雷海岸

★ ★ ★ ★ ★ ★ ★ ★ ★ ★ 岩壁上的舞蹈 ★ ★ ★ ★ ★ ★ ★ ★ ★

这里有最唯美的海岸线和金色的沙滩，这里是罕见的海滩与大陆遥遥相望的景点，这里便是莱雷海滩，坐落于海上的悬崖峭壁，攀岩人的天堂。

■ 温暖清澈的海水，彩色的木船，使得甲米到处诗情画意，美不胜收

莱雷海岸独特的地理位置造就了它的潜力，如果你作为一个攀岩热爱者，没有在独一无二的莱雷海滩岩壁上"跳一支勇士的舞蹈"，那只能用遗憾两个字来形容你的攀岩生涯。

莱雷海岸的石灰岩峭壁之所以得到这么多人的青睐，不仅是因为海滩优美绝伦的风景，更是因为它相对放松的环境，让人感到惬意和自在。莱雷海岸的岩石峭壁下有一个乳石洞穴，传说里面的女神会保佑每一个攀岩的人平安归来。

当你准备齐全之后，就可以出发了，伴着一层层浪花掀起的声音，你便可以踩着沉稳的步子征服这悬崖峭壁了。攀岩这项运动本就是为有勇气的人量身定做的，多少人都不惜远道而来，只想见识一下真正属于莱雷海岸的风采。看着海浪击打礁石，攀岩者们更加精神饱满，他们的目标就是征服这个悬崖峭壁从而成为最强者，而海浪的声音是对他们最好的鼓舞。海鸥也从远处飞来，为攀岩者们伴奏。此时此刻，攀岩者们已经摒除了一切杂念，唯一的目标就是到达最高处，坐拥整个莱雷海岸的风景。或许此时的攀岩者们已经大汗淋漓，或许他们的体力会透支，但是这些外在因素对他们似乎没有任何影响，他们会忘却所有的疲惫，一心只想达到至高点。

夕阳西下，清晨出海的渔船已经陆续地回到了这个温馨的港湾，落日的余晖洒在攀

■ 甲米神圣威武的神殿

岩人粗壮坚实的臂膀上，一粒粒汗珠在余晖的衬托下显得更加耀眼。看那火红但已经不再刺眼的太阳渐渐落下，我们的攀岩者们也步入攀岩的尾声。在一步接着一步地向上拼搏的过程中，太阳渐渐地消失在了海平面上，周围的一切开始由聒噪变为宁静，仿佛所有的人、所有的事物都在屏气凝神，见证攀岩者最后的胜利。天色渐渐地灰暗下来，伴随着最后一缕光芒的暗淡，攀岩者胜利地抵达了岩顶，他们用挥舞的双臂替代了所有的激动与兴奋，他们的攀岩舞蹈完美收场。莱雷海岸上已经有了属于他们的痕迹，毕竟陡峭的岩壁才是攀岩者们最终的归宿，他们如女神所期盼的那样，平安归来，而且是满载而归。如果你想创造下一个奇迹，那一定要来莱雷海岸证明自己的实力，让自己的舞姿永远定格在那一刻。

醉美风景

甲米

甲米是泰国南部的一个热带半岛，说这里是天堂一点都不为过。它的周边还有零零散散的离岛，就像是一颗颗珍珠镶嵌在甲米半岛的周边。这里有洁白柔软的沙滩，有温暖清澈的海水，有随风摇曳的棕榈，有绵延不绝的瀑布。这里的风光无限好，而且具有浓厚的历史文化气息，在这里，有各种刺激的活动，荒岛漂流、荒岛探险都是值得一试的。

兰达岛

兰达岛位于甲米府的最南端，是由几个小岛点缀而成的国家公园，四周都是形状各异的珊瑚礁。这里是最好的浮潜点和游泳场所，浮潜的过程中你可以在清澈的海水中见到各式各样的鱼类，走在这金黄色的沙滩上，除了美妙，已经无法用别的词来形容它了。

TIPS

❶ 在甲米岛进行荒岛漂流、荒岛探险这些户外活动时，千万要注意安全。

❷ 在兰达岛进行潜水活动时，一定要在专业人士的带领下下水，不要游出指定的海水范围，以免发生意外。

第五章

★ ★ ★ ★ ★ ★ ★ ★ ★ ★ ★
浪花之舞
★ ★ ★ ★ ★ ★ ★ ★ ★ ★ ★

漫步在洁白细腻的海滩，

感受那热浪来袭的浪漫。

看性感的激流肆意飞舞，

你便是这海浪的主宰。

在这波涛汹涌的海面演奏一首首生命狂想曲，

在海与浪之间演绎最完美的篇章。

让我们一起融入这海浪，

来一场激情浪漫的踏浪之旅。

左图：威基基海滩，是多数游人心目中最典型的夏威夷海滩

关键词：蓝色大回旋、橡皮艇
国别：加拿大
位置：加拿大海岸

马德莱纳群岛

★★★★★★★★★★★ 性感的激流大回旋 ★★★★★★★★★★★

　　什么是性感？坐落在加拿大海岸的蓝色精灵——马德莱纳群岛温和的气候、和煦的海风、温柔的海水和明媚的阳光一定能给你一个满意的答案。

▣ 尼亚加拉瀑布的水汽浩瀚高耸，当阳光灿烂时，升起的水花便会形成七色彩虹

　　马德莱纳群岛，论秀丽它虽稍逊巴厘岛，论精致它虽略输威尼斯，论大气它虽不及火山岛，论沉静它也不如格陵兰，但它是一座集这些特点于一体的完美圣地。马德莱纳群岛是一座有着令人惊叹的温和气候和非常稳定的平均气温的温柔海岛——金色阳光，湛蓝海水和黝黑砂石。

　　但这份温柔只是马德莱纳群岛的外衣，它火热的内心深处，真正的激情与性感都集中在海岛下那一片蓝色的海湾上，那里有令所有游客都为之倾倒、情有独钟的海上运动——马德莱纳群岛海上橡皮艇。

无论是专门追求速度的高速艇、体验激流乐趣的漂流艇还是用于近海垂钓的钓鱼艇，无论是享受划船乐趣的手动艇，还是用于勘察的工作艇，这里的橡皮艇种类繁多、型号各异，总有一款适合游客。

选择好合适的橡皮艇，二到五名游客共同乘坐一只，所有人穿戴好救生衣坐在橡皮艇中，抓住橡皮艇，便会顺着海流划向碧波之上。马德莱纳群岛的海水温柔时静若处子，小小的橡皮艇在海面上如平湖泛舟、缓缓而行；狂野时动若脱兔，橡皮艇如野马脱缰、起伏跌宕；冷酷时如冷面杀手，遇直道一马平川、冲锋向前；勇猛时如持剑花旦，遇转弯剑锋回转、险象环生；沉寂时岁月如歌，橡皮艇行至宽处艇随浪行；火热时狂风骤雨，橡皮艇夹入窄处激流勇进。

皮艇上的游客们就在这激荡起伏、峰回路转的漂流旅途中，一路纵情尖叫，畅爽开怀。当橡皮艇的前行速度过快以至于几乎不受控制的时候，所有游客紧紧抓住橡皮艇，集中精力尽力躲避岩石等障碍物，任由水花溅满全身。

温和与狂野并蒂，温柔与性感结合，才造就了这完美的旅游胜地。但这并不是马德莱纳群岛的全部，它真正的性感之处要数每年9月举办的举世闻名的激流大回旋比赛——蓝色大回旋。

这场与浪相逐的比赛在每个游客的心中胜负并不重要，重要的是乘坐橡皮艇穿峡谷、越海浪，在湍急的海浪之中左冲右突，与浪共舞之时所欣赏到的风景、所迸发的智慧、所拼搏的胆识和所抛洒的汗水。在尖叫和欢笑声中，游客们收获的是前所未有的愉悦，这就是马德莱纳群岛海上橡皮艇运动的真谛。

▫ 尼亚加拉瀑布以宏伟的气势、丰沛而浩瀚的水流震撼了所有人

醉美风景

阳光海岸

位于温哥华西北部地区的阳光海岸是一个梦境般的岛屿。海岸长达180千米，放眼望去尽是如画的风景——古老的森林、金色的沙滩、太平洋不羁的水流和绵延的山脉。树木丛生、陡峭崎岖的海岸山脉就像是一道天然的屏风，想要窥探海岸真容的游客只能坐船或乘水上飞机。或许正因如此，它才能与冲浪、徒步旅行、波西米亚文化并肩，成为不列颠哥伦比亚省保存最好的文化特色。

尼亚加拉瀑布

滚滚的河流从51米的高处跌落而下，巨大的水流以银河倾倒之势冲下断崖，声及数里之外，场面震人心魄，形成了气势磅礴的大瀑布。这就是与南美洲的伊瓜苏瀑布、非洲的维多利亚瀑布并称为世界三大瀑布的尼亚加拉瀑布。它位于加拿大和美国交界的尼亚加拉河中段地区，是世界七大奇景之一，以宏伟的气势，震撼所有来此的游客。

TIPS

❶ 在游玩过程中最好携带凉鞋。

❷ 如果要携带相机拍风景，注意做好防水措施。

关键词：极限运动、探险
国别：美国
位置：瓦卡蒂普湖北岸

夏威夷

★ ★ ★ ★ ★ ★ ★ ★ ★ ★ 最刺激的冲浪胜地 ★ ★ ★ ★ ★ ★ ★ ★ ★ ★

　　夏威夷全年风和日丽，气温变化不大，没有季节之分，空气湿润，水蓝天晴，海水平均的温度在27℃左右，是冲浪运动的绝好场地。

▣ 冲浪是夏威夷一项具有活力的刺激运动

　　在这颗美丽绚烂的蓝色星球上，存在着许多宛如仙境一般的美景，它们都是大自然的馈赠，而其中，夏威夷群岛是一个不可多得的人间天堂。

　　深蓝色的海浪漫天卷来，它带着来自海

岛中央矗立着的郁郁葱葱的山崖的问候，缓缓卷向宽广无垠的海岸。海岸连着浪，海浪映着山；山头白色的海鸟像一面雪白的旌旗，徜徉于碧蓝的天际中；山下几棵零星的椰子树在海风的吹拂下随风摇曳，摇入夏威夷群岛轻纱似的梦境中。于是，这个远离了城市喧嚣的梦境便成了美国人享受生活、陶冶情操的绝佳去处。

　　但在当地人心目中，夏威夷海上热辣刺激的冲浪才是他们最引以为傲的。这里有着幽邃的山崖夹缝和奇特的岩石峭壁，还有汹涌的海风和惊人的海潮，它们都是最好的造浪高手，能轻而易举地掀起惊涛，造起声势浩荡的海浪，从而创造最佳的冲浪环境，吸引来自全世界的冲浪爱好者们。

　　蔚蓝色的大海惊涛拍岸，飞溅的浪花如雷声轰鸣，与其只是漫步在夏威夷金色的沙滩上遥望这场视觉盛宴，不如拿起一只冲浪板，踩着柔软的沙滩，一步一步走进清新的海浪中，亲自领略真正的夏威夷热浪。

▫ 威基基海滩，有细致洁白的沙滩、摇曳多姿的椰子树以及林立的高楼大厦，是假日休闲的理想地点

在比较浅的海水里热过身后，冲浪者们带着冲浪板纷纷游入海中。在温和的阳光的映衬下，他们黝黑又结实的臂膀犹如镀上了一层金边，缓缓深入水中划动，轻轻拨起一波又一波轻盈的浪花。等到离浪头近了，他们稳住身体，缓缓地站了起来。有的人初学冲浪不久，动作缓慢而小心，而有的人却早已掌握了冲浪的诀窍，他们迎浪而起，借势冲上浪头，矫健的身姿像一只灵活的猎豹，在波涛澎湃的海面上驾浪前行，乘风起舞。

他们的冲浪动作动感十足，身影灵动优美，引得无数冲浪初学者们跃跃欲试。

在夏威夷群岛的海浪尖上，时常还能看到冲浪高手在浪花翻滚的大海上完成一个个精彩绝伦的跳跃动作。他们自由前行，无拘无束。对于他们而言，脚底下的冲浪板就像是与浪合鸣的独特乐器，在合鸣的协奏曲悠扬而起的那一刻，自由的心灵在海天之间飞跃。

经历海上冲浪，体味蔚蓝情怀。在冲浪

的那一刻，将心灵放逐在这片让人心醉的太平洋上，释放自己的内心，全心投入纯洁的大海之中，这或许就是夏威夷群岛的真谛。

直到薄暮降临，冲浪者们才意犹未尽地带着冲浪板，踩着夕阳，回到沙滩上。倾泻的海浪还在身后奔腾，浪涛还在拍打岸石，发出雷鸣般的咆哮。山崖下，夕阳西下，晚霞红边，浪水漫卷。潮水退去的山崖边上，椰树在海风中摇曳。远处海天渺茫，天空星星点点。总是会有一缕湛蓝，在入夜时候，静悄悄地移入梦境，让多少人如痴如醉。总是会有一阵阵激烈的波涛声，在耳旁回响激昂，让人梦回夏威夷群岛，梦回激烈热情的夏威夷去冲浪，在那无尽的蔚蓝色的太平洋上沉沉浮浮淹没深夜的灵魂。

醉美风景

珍珠港

珍珠港是夏威夷最大的天然海港，坐落于夏威夷瓦胡岛西南部。世人对珍珠港的认知，莫过于第二次世界大战期间发生的珍珠港事件。在这里有两个著名的景点，一个是亚利桑那战列舰纪念馆，另一个是密苏里号战舰纪念馆。如今，珍珠港已经成为美国政府指定的爱国主义教育基地。

威基基海滩

威基基海滩位于夏威夷檀香山，在世界上久负盛名。这里有美丽的海滩，宁静的海水，既可以在沙滩上享受日光浴，也可以潜入水底欣赏暗礁，真可谓满足不同游客的需要。因此，这里每年都有很多游客。

TIPS

❶ 亚利桑那战列舰纪念馆每天都会在珍珠港游客中心免费发放门票，但是只有 2000 张，想去的一定要把握好时间。

❷ 在威基基海滩享受日光浴的时候，一定要注意防晒。

▫ 为了铭记当年惨痛的教训，美国政府 1980 年在"亚利桑那号"残骸上建起了珍珠港事件纪念馆

关键词：冲浪、探险
国别：加拿大
位置：不列颠哥伦比亚省

温哥华岛

在最好的季节去冲浪

　　450千米的跨度里，海滩、高山、湖泊、溪流和河谷并生，共同造就了这片别具风情的土地——温哥华岛。

▫ 温哥华岛凶猛的杀人鲸

　　想要放松心情，想要感受阳光，想要拥抱大海，那么就一定不能错过"北美地区最佳岛屿"——温哥华岛。它温柔多情，见证了海鸥与海的热恋；它包容万千，容纳了世界上最多样化的生态系统；它千姿百态，雨林、沼泽、草甸、山脉、海洋、河流和湖泊都是它幻化的模样；它变化多端，气候和植被每隔一段就有所不同。但在它多变的世界里，唯有一处始终占据着温哥华人心中的一隅，那便是冲浪胜地——多芬诺。

摊开加拿大卑诗省的地图，这个坐落于温哥华岛的小村多芬诺，虽然毫不起眼，然而但凡去过的人，都难以将它从心里抹去。它风景如诗，享有"加拿大最美西海岸"的称号；它三面环海，占据绝佳的地理位置；它亲近自然，每年都会有大量的大自然爱好者、露营爱好者和冲浪爱好者等一切想要亲近自然的游客前来。但无论是带着怎样的目的前来的游客，最终都会被这片以温柔著名的海浪所征服。

与绝大多数冲浪胜地不同，多芬诺骨子里的那份温柔是与生俱来的。它可以宽容地接纳每一缕横冲直撞刮入海域中的莽撞的海风，化百炼钢为绕指柔，再将它吹入金色的海岸，送去一片清凉。它可以将每一朵浪花变成老朋友的问候，让每一颗来自尘嚣世界的心灵得到安抚。但最重要的是，它可以耐心教导每一位来到这里的冲浪初学者，像良师，又像益友。

来到多芬诺，只要你有一只冲浪板，就可以从这一望无际的洁白沙滩，直接踏上那片湛蓝的温柔海面。汩汩而动的波浪一波接一波，而此时你若是俯卧在冲浪板上，就一定能感受到那宛如春风般细腻的浪花，正紧贴着你的心口；你就一定能听到耳边回响着的清脆的海浪声，那是多芬诺常年吟唱的安神曲，能抚平你心中初次学习冲浪的紧张与不安。

渐渐地，冲浪板被推向了浪边。当海浪涌起时，在教练的指导下无数名冲浪者俯卧在冲浪板上迅速滑到浪峰较陡的位置，直到

▣ 皇家伦敦蜡像博物馆

一个浪头接近时用力蹬水。他们默念着冲浪的要诀，一边迅速朝岸边游去，让冲浪板以足够的速度保持在海浪的前面，一边缓缓站起身子，双脚前后自然站立，双膝自然弯曲，尽力控制方向，登上浪头疾行。

这一系列动作对于初学冲浪的游客来说并不是件容易的事情，在站上冲浪板的那一刻难免会因为重心不稳而跌入海中，但温哥华岛海浪温柔的怀抱会接住落水的游客。即便没有掌握冲浪的诀窍，在这里，游客们仍是那么无拘无束、畅爽开怀。有些人相互之间并不认识，他们半个身子浸在海水中，一

◙ 维多利亚城以古老精致而闻名

只手抱着冲浪板，另一只手向着对方拨弄海水，互相嬉戏。水花滔天，水声和笑声此起彼伏。而远方，夕阳西下，日落太平洋的绝美画面更是让人有行至世界尽头之感。

醉美风景

维多利亚城

以精致闻名的加拿大西海岸最古老的城市——维多利亚，有着花园城市之称。它位于温哥华岛南端，是卑诗省的省会。深受欧洲文明洗礼的维多利亚，无论在建筑、文化还是风俗习惯上，都透露着浓浓的英国风情。对许多加拿大人来说，维多利亚就像是一朵英伦玫瑰，在加拿大这片富饶而美丽的土地上尽情地盛开。

皇家伦敦蜡像博物馆

相传皇家伦敦蜡像博物馆原本是一处售票处，后来改建成蜡像博物馆。在蜡像博物馆里边可以看到许多英国皇室成员的塑像，比如黛安娜王妃和查尔斯王子，还包括有很多世界名人和标志性场景。刚进入蜡像博物馆会以为场馆面积不大，但往楼下走就会发现别有洞天：电影明星、童话人物、中世纪的酷刑场以及逼真的妖魔鬼怪等，令人仿佛身临其境。

TIPS

❶ 温哥华岛是一处著名的葡萄酒产区，品尝要适量。
❷ 坐落在港湾边上的皇后大酒店充满英式风情，值得一住。

关键词：冲浪、安全
国别：摩洛哥
位置：非洲西北部

阿加迪尔海滩

冲浪初学者的最爱

★★★★★★★★ 冲浪初学者的最爱 ★★★★★★★★

气候宜人，一步一景，说的便是有着"烈日下的清凉国土"美誉的摩洛哥。它是一个风景如画的国家，是当之无愧的"北非花园"。

▪ 准备去冲浪的少年

东接阿尔及利亚，南邻西撒哈拉，西朝大西洋，北望西班牙与葡萄牙，斜贯全境的阿特拉斯山将南部撒哈拉沙漠的热浪隔绝，于是，地处中心的摩洛哥王国就像是蚌壳里璀璨的珍珠，肆无忌惮地闪烁着最耀眼的光芒。

从弥漫在菲斯和马拉喀什阿拉伯人聚居区的味道，到大西洋海岸上，一遍遍轻抚着一座座传奇城市的城墙的多情海风；从里夫拔地而起，伸入阿特拉斯山脉中部一路绵延到柏柏尔人村的数不清的山，到突尼斯的金色沙滩；从撒哈拉沙漠中一笔一划的沙画到宛如艺术作品的起伏的沙丘线条，摩洛哥惊人的自然美景正如电影《卡萨布兰卡》中描绘的那样，总是无处不在，无一不刺激着游客的感官。

但很少有人知道摩洛哥阿加迪尔海滩是世界上最甜蜜、最安全的冲浪场所之一。它位于摩洛哥西南部港市，背依富饶的苏斯平原，面朝碧波浩瀚的大西洋，在大自然的精心雕琢下，风景优美、四季如春的阿加迪尔不仅成了许多摩洛哥人心目中最漂亮的城市，更摇身一变，成了初学冲浪者的天堂。

浓郁的历史气息，使得阿加迪尔海滩的美多了份神秘的梦幻色彩，仿佛一盒等待人们去拆开包装、用心品味的巧克力。而这里的海浪就像是盒子上柔滑的丝带，只有揭开它的那一刻才能真正体味到当地的异域风情。

■ 乌达雅堡的小巷古老而干净，一点也不破旧，墙上还绘有小幅壁画

　　或许沙滩总是千篇一律的，但与其他冲浪胜地不同的是，阿加迪尔海滩的浪总是充斥着数不清的温柔，就像它的颜色——海蓝色一般柔和，但不是忧郁的蓝色，而是鲜艳但毫不刺眼的蓝色。这意味着每一朵浪花都是对初学者的真诚鼓励；每一声水声都是对初学者的肯定；每一个浪头都会是一双双温柔的手，用耐心教导每一位踏上冲浪板的游客；每一个浪尖都会耐心等待初学者缓缓从冲浪板上站起身子，静静地等待他们适应乘浪的感觉。

　　乘上海浪，用心体会这个受到了上天眷顾的国度，无论是三毛前世的淡淡乡愁，还是电影里走出来的卡萨布兰卡，又或者是地中海边的童话世界，它用海浪洗涤着每一位来此的游客的灵魂。或许正因如此，阿加迪尔海滩才会成为许多冲浪初学者心目中的首选。

醉美风景

乌达雅堡

濒临大西洋的乌达雅堡是一座古城堡建筑群，它始建于 12 世纪柏柏尔王朝，曾被阿拉伯人、葡萄牙人和法国人占用。现存的乌达雅堡只对外来游客开放三个区域：院内花园、博物馆以及高空平台。高空平台是古时的空中市场遗迹。在这里可以看到与舍夫沙万一样的蓝白房子，顺便领略这绚丽的小镇的迷人风光。

菲斯

菲斯，即"金色斧子"，也有"肥美土地"之意。它是北非史上第一个伊斯兰城市，也是摩洛哥一千多年来宗教、文化与艺术中心。在这里，游客能看到原始的小巷、现代的商业区，行走的驴子，等等。整座城市弥漫着古老而又神秘的气息，不愧是阿拉伯国家里最经典的老城风景。

TIPS

❶ 摩洛哥不同地区气候不同，一定要记得根据当地天气增减衣物。

❷ 摩洛哥并未对中国游客正式开放大规模的自助旅游，签证较难办理，可以求助国内较好的旅行社。

关键词：探险、冲浪
国别：巴西
位置：中南美洲与大西洋之间

费尔南多 - 迪诺罗尼亚岛

✦✦✦✦✦✦✦✦✦✦ 冲浪全年无休 ✦✦✦✦✦✦✦✦✦✦

　　热情洋溢的桑巴舞曲、激情狂野的狂欢节、鲜嫩多汁的巴西烤肉、富饶迷人的热带雨林，几乎亲眼见证过巴西美景的人都会情不自禁地呢喃一声："上帝是巴西人。"

■ 夕阳下，沙滩上玩足球的少年活力四射

　　用古典融会流行，用前卫冲击传统，用热情打破成规，巴西就是这样一个奇特的魅力国度。几乎全世界的人都知道它的浪漫与热情，尤其是在这片热情洋溢的桑巴土地上，当得天独厚的地理条件和数以百计的海浪沙滩结合后，整个热情的国度

▣ 在海滩享受休闲时光的人们

便成了顶级的冲浪殿堂。

　　而在巴西众多冲浪胜地中，最值得一去的便是享有诸多世界级美誉的费尔南多 – 迪诺罗尼亚岛：它拥有大自然精心雕琢的旷世美景。天然的细沙，清澈的海水，高大的海浪，天空中的海鸟像一枚枚子弹射入水中捕鱼，无数游客从世界各地不远万里赶到此地，就为了看一眼那水晶般的蓝。

　　它拥有绝佳的冲浪环境。近海处是翻腾的大浪，蓝色的浪谷和白色的浪峰此消彼长，一波波地涌来，一次次地冲击，阳光下的冲浪板如同一支支灵活的画笔，只为在这海平线上画出最艳丽的画。

　　它也是人文荟萃的聚焦点。巴西每年都会在这里举行盛大的冲浪节，无数名专业冲浪选手会在这里展示他们那些娴熟的技术、惊险的瞬间和优美的姿态，无数名观众会为之欢呼、为之振奋。

　　海浪不休，冲浪不止，这就是费尔南多 – 迪诺罗尼亚岛。无论男女、贫富、种族和国界，都可以齐肩走在海滩细软的白沙上，拖着长长的冲浪板奔向海面，分享着阳光和海浪。在这里，或许身旁站着的当地的稚嫩青年都是深藏不露的冲浪高手，当然也不乏跃跃欲试的冲浪新手。在大自然无私的赠予面前，他们一同登上海浪的最高点，以蓝天为背景，笑声是最自然的音乐，每个人都能抛开自身的约束，尽情投入自然中，在海浪上尽情尖叫、尽情欢笑。直到时间慢慢过去，夜幕逐渐降临，原本那一汪碧蓝色渐渐褪去，

▫ 干净温和的海水像花海一样冲上海滩，在蓝天白云的映衬下，一切都是那么迷人

海水转而映上了薄暮的彩霞。傍晚时分的费尔南多－迪诺罗尼亚岛已经全部笼罩在这如迷雾般的橘红色之中，朦胧且更添一份温婉。海滩边的小街已经撑起了伞，摆出了座椅。已经与海浪相逐了一个晌午的游客陆续回到伞下，一面端着饮品，一边聆听美妙的桑巴舞曲，一面放空自己的灵魂。温柔的海风轻抚过脸庞，眼前美丽的落日余晖和暮色下的海浪如同在梦中。

达，它又跻身工业城市之列，成为海洋研究所和火箭发射基地。无论是以里奥布兰科大街为中心的商业区还是阳光普照的海滨区，都深受游客喜爱。

若昂佩索阿

位于北帕拉伊巴河右岸的若昂佩索阿是帕拉伊巴州首府，既是近海和远洋贸易中心，也是重要的交通枢纽。整座城市充满着盎然的绿意，其森林绿化面积仅次于法国巴黎。在这里游客不仅能一览州立大学和殖民时期所建教堂的风景，还能领略到巴西北部历史最悠久的城市之一，热带海滩、现代建筑和历史建筑相结合的完美特色风情。

醉美风景

纳塔尔

纳塔尔位于大西洋沿岸，是巴西东北部的海港城市，也是北里奥格兰德州的首府。它由葡萄牙人建造，始建于1599 年 12 月 25 日，是南美大陆距非洲最近的港口城市。港口交通便利，因而成了交通枢纽，加上近海贸易发

TIPS

❶ 游客可以乘坐飞机抵达费尔南多－迪诺罗尼亚岛，着陆后可以乘坐沙滩车出游。

❷ 费尔南多－迪诺罗尼亚岛的野生生物十分珍贵，在游泳时最好不要涂防晒霜。

关键词：狂野、橡皮艇
国别：澳大利亚
位置：新南威尔士州

拜伦湾

冲浪嬉皮风

　　这里是乌托邦，它纵容着人们最狂野的本性，它释放快乐感染着每一个人。它是拜伦湾——嬉皮士的天堂。

造物主在创造世界时，在澳大利亚的最东边洒了一片瑰丽风景——绵延数千米的黄金沙滩、令人纵情其中的海浪、超凡茂密的绿景、壮观的火山以及每天早晨最先迎来的澳大利亚的第一缕晨光。这就是位于澳大利亚新南威尔士州东北角的拜伦湾，它曾是原住民阿拉库瓦人心目中的"Cavvanbah"（相遇的地方），而如今，它是来自全世界各行各业的名人、艺术家、新青年、背包客和冲浪爱好者心目中的天堂。

　　走近拜伦湾那片长长的金色的冲浪海滩，成排的棕榈树面朝大海，潮湿地带着淡淡腥味的海风从四面八方涌入，贴着脸，撩着发。滑过耳际的风声混着时而雄壮、时而舒缓的浪花拍岸声，宛如天籁。而透过这声声天籁之音，仿佛能穿越海滩上所有喧嚣，去看一看这个被碧蓝的海水孕育的世界。

　　极目远眺，蓝海与远天衔接，犹如一块精心雕琢过的蓝色宝石，闪烁着蓝色琉璃瓦的光泽。再近一些，白浪滔天，船帆点点。再近一点，无数名游客正踏着冲浪板乘风破

汹涌澎湃的巨浪吸引着冲浪者

浪，晒得古铜色的皮肤在阳光的照耀下闪烁着质朴的金色光芒，或许这就是阳光对冲浪爱好者最真诚的鼓励。

　　在浪尖上，冲浪高手们各展身手。他们时而乘浪而来，犹如脚踏七彩神云，惹来岸上一片欢呼；时而身体弯曲，从翻卷的巨浪中间直冲而出，仿佛刚从巨兽之口脱身，惊得岸上一阵尖叫；时而又俯卧在冲浪板上，

惬意地、自由地、漫无目的地划动着。也有许多初学会冲浪的游客试图挑战这片海域，他们没有娴熟的技术，也没有精彩的动作，甚至在他们踏上冲浪板的时候会稍显笨拙以致从冲浪板上跌落下来。无数道被激起的雪白的浪花在风中摇曳生姿，咸苦的海水瞬间淹没味蕾，他们抹去脸上的海水，笑容依旧灿烂，无数痛快、酣畅淋漓的笑声响彻海面。唯有与海浪零距离接触，才不枉此行！

在过去的几十年光景里，不计其数的建筑师和设计师将自己的才智融汇其中，加上迷人的风景和清凉的白色浪花，共同形成了这座不落窠臼的海边小镇，叫人如入蓬莱之境，安若天堂。或许正因如此，今天拜伦湾才会成为厌倦都市生活的人们的避风港，才会成为澳大利亚最受欢迎的冲浪乐园之一。

醉美风景

拜伦角灯塔

拜伦角灯塔位于澳大利亚大陆的最东端，它始建于 1901 年。那里四季皆宜，天气晴朗，是游客欣赏大海、感受海风的最佳选择地之一。因为沿途惊人的美景多得就像万花筒一般让人眼花缭乱，所以强烈推荐每一个去拜伦湾旅行的游客选择步行或自驾车前往。到了午后，在拜伦角灯塔

散步，赏鲸，野餐烧烤，都是极其美妙的事情。当然，由于灯塔所处地域是大陆的最东端，所以在灯塔上迎接新一天的太阳也是来到拜伦角灯塔必做的事情之一。

黄金海岸

位于澳大利亚东部沿海的黄金海岸是一处绵延 42 千米、由数十个美丽沙滩组成的度假胜地。其中最著名的海滩当属布罗德海滩和梅音海滩——连绵的白色沙滩、湛蓝透明的海水和浪漫的棕榈林等自然风景都令人痴醉其中。加上这里的气候为亚热带季风气候，终年阳光普照，非常适合休闲度假，所以无论世界各地的游客还是澳大利亚本地居民都会选择将这里作为度假首选地。

TIPS

❶ 拜伦湾每年的 12 月至次年的 2 月是旅游旺季。
❷ 每年 9 月份都有"滋味拜伦节"，喜欢美食的游客一定不要错过。

▣ 矗立在山崖上的拜伦角灯塔，是拜伦湾最著名的建筑

▣ 澳大利亚的日出将拜伦湾染成红色

关键词：冲浪、探险
国别：法国
位置：比利牛斯山和粗犷的
　　　海岸之间的比亚里茨

比亚里茨

皇室也爱的冲浪小镇

比亚里茨的规模还不及一个小镇，但从一个多世纪前，它就是欧洲上流社会最青睐的度假胜地。这里有全世界最古老的民族，也见证过两任国王的浪漫爱情。

■ 冲浪运动爱好者可以在半岛上尽情去体会比亚里茨带来的无穷乐趣

曾有人说过这样的话："如果喜欢浪漫与奢华就去巴黎，如果喜欢明星与电影就去戛纳，如果热爱葡萄与美酒就去波尔多，而如果热爱身心的宁静与冲浪的激情，那么，摊开法国的国家地图，沿着法国大西洋沿岸看去，就在比利牛斯山和粗犷的海岸之间的比亚里茨，一个有着得天独厚的宜人气候的豪华度假胜地，就是你想要的答案。"

美丽的港口城市——波尔多

绵长的金色沙滩海岸线，宽阔的沙滩，庞大的巨石，大西洋的浪花卷着银白色的雾朝着沙滩奔赴而去，不远处的崖壁和沙滩之间，紫色和蓝色的绣球花迎着海风尽情绽放。如果碰巧遇见雨天，雨停之后，阳光穿透云层洒向大地，耀眼的光芒普照比利牛斯山群峰，直到光线一点点地染红山与海。看到这样的景致，人们不禁会感叹，比亚里茨果然是天堂。

尽管比亚里茨从最南边的城堡到最北边的灯塔只有 3 千米长，但是 3 千米的海岸线跌宕起伏，也并不平整，整个比亚里茨的规模甚至不及一个小镇。但它毗邻大西洋、北接以惊涛骇浪闻名的"爱之星"海滩，横穿圣马丁山峰和拉塔拉亚高地前端，以绝佳的地理位置成了无数冲浪爱好者心目中的绝佳冲浪胜地。

每年都有无数名观光游客和欧洲贵族聚集在这里，就连欧洲许多重要的冲浪比赛也选在这里举行。或许谁都不会相信，就在 18 世纪中叶，比亚里茨还只是一个仅有 3000 个居民的小渔村，直到拿破仑三世和欧也妮皇后来到这里避暑，并在此地建造了一座夏日行宫后，这座不为人知的世外桃源才终于有机会扬名世界。

所有人都是带着与这片海浪亲密接触的心情来到这里，而想要真正亲近这片海域，唯有携一只冲浪板，在这澄澈的碧蓝世界中来一场激烈刺激的踏浪之行。

这里的浪如晶莹的雪花一般沁凉，当双手探入海水中的那一瞬间，所有的害怕与顾虑都消失无踪，取而代之的是登上这波浪尖的勇气与决心。然而冲浪并不是件容易的事情，尤其是比亚里茨的浪，它就像带刺的玫瑰，看似温柔的外表下是狂野不羁的心，无数名冲浪者的冲浪板刚冲上浪头就跌落水中。但就是这份放浪与激情并存的快感，勾起了无数冲浪爱好者的征服之心，令他们欲罢不能，就只想在这天光云影、碧浪滔天中驰骋，让那沁心透凉的水花拂过脸颊，让时间永远铭记那无拘无束的笑声。

如果你还在几个冲浪度假胜地间举棋不定，不妨到比亚里茨体验一次皇室冲浪，它正如一首抒情诗中描写的那样，"闻一下粉红的绣球花，触摸一下高高的海浪尖上的白色浪花，让细沙轻轻地从指间滑落……或许还会感到疑惑，所看到的到底是海上的'绿光'，还是电影中的烟花？"

醉美风景

大海滩

大海滩——欧洲面积最大、最时髦的海滩。当你沿着沙滩漫步，一路向南前行，会看见海岬上有一座可通往圣母岩礁的天桥，那里矗立着一座圣母雕像。如果背道而行，一路向北走，则会看见有 248 层阶梯的灯塔。登上塔顶，你能看到更令人叹为观止的广阔海景。

波尔多

坐落在法国加伦河南岸的波尔多，是法国西南部阿基坦大区和纪龙德省首府所在地，也是欧洲大西洋沿岸的战略要地。它是一个很传统的法国城市，碧水蓝天，气候宜人，加上独特的地中海型气候——最适合葡萄生长，使得波尔多成了享誉全世界的葡萄产区。就连当地居民都是泡在红酒里长大的，所以说喜欢美食的游客千万不要错过，波尔多可是一个生在味蕾上的城市。

TIPS

❶ 比亚里茨市中心 20 千米范围内有十多家高尔夫球场，冲浪结束后还可以适当打打高尔夫放松心情。

❷ 皇宫酒店非常奢华，有条件的游客可以入住。

▫ 走在海边，比亚里茨的豪华与浪漫已展现无余

关键词：海岸、冲浪、灌篮高手
国别：日本
位置：神奈川县相模湾沿岸地区

湘南

太平洋的澎湃海浪

面朝太平洋的小镇，安静而贪婪地沐浴着阳光。海风吹拂，即使是冬天都能感受到温暖。这里是湘南海岸，《灌篮高手》里的海岸。

▣ 远处在海中的人们玩耍得不亦乐乎

当江之电小火车穿梭在湘南的海岸和住宅之间的时候，就仿佛回到了漫画《灌篮高手》的世界里——绵长而又熟悉的黄金海岸线，海边冲浪的少年，来来往往的穿着制服的学生，火车穿行的路口和晴天下远处若隐若现的富士山。脑海里不自觉地就响起了陈绮贞的那首歌《坐火车到传说中的湘南海岸》："树啦，花啦，平交道，砖块，招牌，海岸线，女学生，还有流窜在

车厢里饱满的光和影子，我被他们追着跑，下午四点关闭的湘南海岸只有我和欧巴桑没有穿比基尼……"正如歌词的字里行间所描绘的那样，湘南海岸，只能用"青春"来形容。

从江之岛连绵 600 米的湘南海岸极目远眺，远处海天一线，海水青天浑然融为一体。天上白色的云在飘，海里白色的浪在涌。一波波海浪拍向海岸的沙，拍出雪白的花。于是，不妨走在湘南海岸的绵软沙滩上，一边踩着那些花前行，一边聆听湘南海岸久久回荡的浪声。岸上的沙滩小屋宛如五颜六色的贝壳，静静地躺在沙滩一角。有人惬意地靠在小屋前，沐浴着阳光，手里拿着加了冰的饮料，时不时小啜一口；高台上还有人在看书；有相互依偎的情侣在晒太阳；也有人时不时回望背后的公路，暗暗期待会有骑车路过的"流川枫"；但更多人抱着冲浪板缓缓地走向了浪边——冲浪。

因为，如果用"青春"来形容这片海岸，那么踏上这片海浪便是"燃烧青春"。在湘南澎湃的海浪中，溅起的浪就是唯一的干柴，

它们在烈阳的照耀下熊熊燃烧，迸发出雪白的火花。无数逐浪者踩着白浪与火花驰骋，他们从远处踏着海浪归来，碧蓝的天是他们的背景，湛蓝的海是他们的舞台。就在这舞台上，他们踩着一块冲浪板，在激荡的海浪上翻腾、辗转，身形起伏。就在这片海浪里，他们寻找激情，抛掉烦忧，挥洒热汗。

有的人早已是冲浪高手，他们仿佛早已与海浪融为一体，能自由地利用任意一波翻起的浪去展示自己最敏捷最精彩的动作；有的人刚学会冲浪，在多次登上浪头的过程中，或许大多会跌入海水中，以失败告终。但充满青春气息的湘南海岸从来不会有放弃这一说，即使是还未学会冲浪，也甘愿在失败中追逐成功。或者说，这已经不仅仅是人与自然的追逐，更是人们与青春的赛跑。

就这样和湘南的海浪一起度过炽热的夏天吧，跨过燃烧的青春，走过最美好的岁月。直到夕阳西下，和相爱的人并肩坐在湘南的海岸边，等待晚霞映上脸颊，染红这美好的时光。

醉美风景

镰仓高校前站

位于日本神奈川县镰仓市境内的镰仓高校前站，是由江之岛电铁（江之电）所经营的铁路车站，也是一个无人车站。它之所以出名，是因为日本知名动漫《灌篮高手》中的场景即是以镰仓高校前站为蓝本创作的，因此来到镰仓的游客都会到这里来参观。并且，由于车站和七里滨的海岸仅仅隔着国道 134 号，所以站在月台上能眺望海边的风光。

江之岛

江之岛坐落于神奈川县藤泽市内，是湘南的代表景点，也是神奈川县指定史迹名胜及日本百景之一。它和与它相距并不远的湘南海岸一样都是《灌篮高手》中场景的取景地。除此之外，颇受日本动漫界喜爱的江之岛还曾出现在《侵略！乌贼娘》《足球骑士》《妖精的旋律》《乒乓》等动画中。并且，这里还是著名游戏《秋之回忆》中芦鹿岛的原始取景地。

TIPS

❶ 江之岛又名"猫岛"，有很多可爱的猫咪，爱猫人士值得一看。

❷ 在东京站乘 R 东海道本线到横滨站，在横滨换乘 JR 横须贺线镰仓站，然后换乘江之岛电车即可到达江之岛。湘南海岸离江之岛不远，步行即可到达。

关键词：珊瑚、海浪
国别：南非
位置：南非开普敦

梅曾贝赫

在巨浪中与鲨共舞

　　喧嚣而又热闹的繁华都市，迷人而又热情的海边风景，加上美味的跳羚肉、海螯虾、鲑鱼和葡萄酒。梅曾贝赫，就在这里来一场"冲浪之旅"吧。

　□ 一望无际的蔚蓝色的大海，海浪如泛着银光的绸缎卷向沙滩

　　以巨浪和鲨鱼闻名于世的南非有一处被许多殖民时代的古老建筑所包围的市区，名叫开普敦。古老而神秘的爱德华式与维多利亚式的房屋林立，18 世纪荷兰式建筑安静地躺在宏伟的桌湾附近，错落有致。无论是沿着巍峨壮丽的十二门徒岩尽

情行走，还是贴近空气清新的山间缓慢奔跑；无论是在查普曼峰骑自行车，还是用相机拍摄海洋特斯波澜壮阔的一瞬间。种种情境，种种景观，都与一般印象中的非洲荒原大相径庭。

它就像是一幅仙境画卷，而在这幅画卷中，梅曾贝赫海滩是点睛之笔。踏上这片沙滩，站在柔软的白沙上极目远眺，一望无际的碧蓝色的大海鲜艳夺目，阳光变换角度铺洒在海面上，腾起的海浪如泛着银光的绸缎，一波接一波，一浪接一浪地卷向沙滩。身后的绿洲和沙滩咖啡馆交相呼应，身旁的冲浪用品店人来人往，冲浪者抱着冲浪工具赤足行走，留下一串串金黄的脚印。而脚印的尽头直指身前的这片海浪。冲浪，才是与大海零距离接触的最佳方式。作为冲浪胜地的梅曾贝赫海滩拥有适合所有冲浪爱好者的冲浪条件——白云蓝天，几乎没有岩石干扰的海

域以及强度适中的海浪。海滩上还有许多出租水具的小店，在小店里租一块冲浪板，你就可以尽情地享受梅曾贝赫海滩激情的冲浪之旅。

无论心里藏着多少对冲浪的未知与担忧、顾忌与害怕，在划入梅曾贝赫海域的那一刻你统统都可以抛到脑后。不用担心会有鲨鱼，这里先进的鲨鱼监测系统以及对海上情况进行的实时监控能为冲浪者的安全保驾护航。不用担心那排跃起的海浪会将自己吞进海底，它们不是巨兽的嘴，而是能帮助每一位敢于攀登的游客触摸湛蓝的天空的阶梯。只要登上那座阶梯，梅曾贝赫海域非同寻常的美便能尽收眼底。

首先映入眼帘的一定是那一座座色彩缤纷的海滩小屋，它们是梅曾贝赫海滩的特色所在。尽管这些兴建于维多利亚时期的小屋如今已大多成了摆设，但它们依旧如沙砾中的珍

■ 海豹岛上有上千只海豹和数不清的海鸥栖息，场面甚为壮观

珠，营造着属于梅曾贝赫海滩的梦。

接着你将看到沙滩上尽情玩耍的游客们脸上最明媚的笑容。他们每天在海浪的拍打声中醒来，穿着人字拖，踏着洁白绵软的细沙，沐浴着从棕榈树的缝隙间透进来的明媚阳光，一路从海边的小屋缓缓漫步而来。三五个调皮的孩子在海滩上来回跑动，寻找着搁浅在岸边的海螺与贝壳。他们是这浪漫的世界之中最悠然自得、最安逸自在的人。

最后，就在冲浪板下的海浪即将沉下去时，另一波激烈的浪又紧紧地冲了过来，不知道掀翻了多少人的冲浪板，汹涌的海面上顿时响起酣畅淋漓的尖叫声与欢笑声。

或许，在梅曾贝赫海滩冲浪，就像是在做一场极致刺激的梦，冲浪者们将在梦中体验肾上腺素飙升的终极快感。

醉美风景

好望角

位于大西洋和印度洋汇合处的好望角是开普敦的地标，开普敦甚至是因好望角而建城，就连它的名字也是由好望角而来。非洲南非共和国南部的好望角常年伴随着强劲的西

风急流，惊涛骇浪与疾速风暴已经是司空见惯，但最凶险的还要数在冬季频繁出现的"杀人浪"。这种海浪前端像绝壁，后端像山丘，涌起的浪高一般有 15～20 米，如果与极地风引起的旋转浪叠加在一起，就会呈现空前严峻的海况。要是再恰巧与这里的沿岸流相遇时，整个海面就会像沸腾的开水一般。所以，这里才会成为世界上最危险的航海地段。

海豹岛

海豹岛本名为德克岛，又叫杜克岛。它坐落在美丽的豪特湾，是一座距离海岸只有几百米的礁石小岛，也是开普敦半岛著名的游览胜地之一。海豹岛之所以闻名，是因为岛上居住着很多海豹与海鸥。整座小岛面积并不算大，全是光秃秃的石头，而就在这些石头上，无数只海豹黑压压地挤成一片。为了保护这些海豹，游客不能登陆小岛，只能乘坐码头专用的游艇前往海豹岛附近观赏海豹们捕食、嬉水。

TIPS

❶ 如果是在夏季（11月至次年2月）到开普敦，建议使用防晒霜和遮阳帽。

❷ 好望角距离开普敦市中心约 50 千米，近 1 小时车程。由于没有公共交通工具可以直接到达，所以可以先乘轻铁到西蒙镇，再租自行车进入好望角国家公园。

关键词：珊瑚、海浪
国别：斐济
位置：斐济西部马马努萨群岛

卢阿岛

★★★★★★★★★★ 珊瑚礁上的浪花 ★★★★★★★★★★

在太平洋的海面上，有一个被色彩斑斓的珊瑚礁簇拥着的心形小岛，那就是卢阿岛。在彩色海水的映衬下，它越发光彩炫目，美丽动人。

美丽的卢阿岛，是位于斐济西部马马努萨群岛中的一个岛屿。与绝大多数海岛一样，卢阿岛同样拥有金色的沙滩，咸湿的海风，妩媚的阳光，在这幅完美的风景画卷中，涌向岸边的海浪堪称神来之笔。但卢阿岛又是独一无二的——普通的大海放眼望去全是碧蓝色的，而卢阿岛的海是彩色的。

因为卢阿岛的海域下是无数条五颜六色的海鱼和数不清的色彩斑斓的珊瑚，它们的存在将原本湛蓝色的海水映成五彩缤纷的彩虹色，让原本风景秀美的卢阿岛摇身一变，成了人间的伊甸园。因此，整体呈心形的卢阿岛与生俱来有一股彩色的浪漫气息，五彩缤纷的珊瑚是它的外衣，色彩斑斓的海鱼是镶嵌在外衣上的宝石，汩汩流动的海水是一面天然的镜子，在阳光的衬托下将一切美丽的颜色都纳入其中。完美的地理环境、浪漫的岛屿形状，不得不让人赞叹大自然的鬼斧神工。此时此刻，如果携手爱人，置身其中，

▪ 漫步在柔软细腻的沙滩上，让心事随风飘扬

■ 最浪漫的岛屿——心形卢阿岛

沿着海岸牵手慢走，留下一串并排的脚印，或穿梭于小岛上，或漫步于沙滩上，或带上冲浪板，游嬉于珊瑚间，踏浪于海面上，都将是一件幸福的事情。

踏浪，俯卧在一只长长的冲浪板上，双手在清凉的海水中用力向后划动，就连激起的浪花也是彩色的。在卢阿岛这幅美丽的风景画卷中，海浪，就是点睛之笔。

它是这幅画卷中最为精彩的一部分。当冲浪者登上浪尖的那一瞬间，沁人心脾的浪花与冲浪板相撞，四溅的水雾向着四面八方喷洒，晶莹了整片海。

它赋予了这幅画卷灵动的气息。冲浪者时而直冲云霄，时而疾行踏浪，时而翻转流连，时而俯身一跃，无论是哪种敏捷灵活的动作，都是画中最鲜活的美景。海浪给予了冲浪者以灵动，冲浪者赋予了海浪以动感。

它见证了每一个与海浪搏击的人的勇敢。冲浪是勇敢者勇气的标志，海浪上一个个敏捷的身影，一个个灵活的动作，一场场有趣的追逐，一簇簇激荡的水花，无论是顺利登上浪峰，还是偏离重心从高处跌入海里，每一位冲浪者都会以最明朗的笑容征服这片海域。

它代表着热情洋溢的卢阿岛，每一朵海浪都是大自然赐予人们的礼物，每一朵海浪都载着人们心中积压的疲劳向着珊瑚礁的岸边远去。带走烦忧，带走愁苦，剩下的只有驰骋的快感。

朝阳下的卢阿岛，如热恋时一样火热；

■ 透亮的海水漫上沙滩，美得纯净自然

夕阳下的卢阿岛，又如与恋人依偎时一样温婉。无数游客正是被它如梦如幻、或动或静、似真似假的缤纷样子迷住了双眼，流连忘返。或者说，来到卢阿岛与浪共舞，就仿佛是在与海浪谈恋爱，它时而妩媚多情、时而激情奔放、时而洒脱大胆、时而安静温柔，它会将每一个走近它的人带入它五彩缤纷的世界里。

醉美风景

塔妙妮岛

塔妙妮岛，即斐济语中的"花园之岛""富庶之岛"。从大岛出发，搭乘飞机只需 15 分钟即可抵达。岛上物产丰盛，大多数居民以农业、渔业为生，因此在岛上可以体验最原汁原味的小岛生活。岛上还保留着大量的雨林景观，纯朴的自然景观堪比桃源仙境之美。著名好莱坞影片《重

返蓝色珊瑚礁》就是将这座岛上的布马瀑布作为主要取景地的。如果来到斐济，一定不要错过这里。

斐济第一村

斐济第一村，即维塞塞村。因为前总统约瑟法·伊洛伊洛来自维塞塞村，所以该村才有了"斐济第一村"的美称。游客们可以在村庄里体验当地居民的生活和当地美食。但是，这座村庄里有个特殊的规矩，那就是除了村长以外，人们都不能戴帽子，也不能摸小孩子的头。因为在当地，摸别人的头是对他人最大的羞辱。如果是在 100 多年前，还可能会招致杀身之祸。所以一定要牢记这点，以免造成不必要的麻烦。

TIPS

❶ 位于列雾卡最热闹的海滩上的皇家旅馆历史悠久，可以瞭望海景，值得一住。
❷ 斐济的男性会戴花或是穿裙子，看到时不要表现得过分惊讶。

关键词：冲浪、日光、金色海滩
国别：澳大利亚
位置：昆士兰州黄金海岸中心地带

黄金海岸

★★★★★★★★★★★★★ 冲浪者的天堂 ★★★★★★★★★★★★★

　　一望无际的海岸线、壮美的夕阳、茂密的雨林、多姿多彩的水上活动，黄金海岸作为冲浪者心目中永恒的胜地，冲浪者的天堂这个美名名副其实。

▫ 虽然这里高楼林立极具现代化，但连绵的白色沙滩，湛蓝透明的海水，为这里增添了不少生机和动感

　　当布里斯班的阳光洒落在烂漫的棕榈叶上，黄金海岸的俏丽便在黎明的破晓中升腾。作为世界知名的度假胜地，

澳大利亚东部这一条 42 千米的海岸线在地平线的映衬下委实融合了太多的向往。

　　它不仅是世界上最长的沙滩海岸，也是

■ 黄金海岸在阳光下有一种透明感

冲浪爱好者们狂欢的乐园。

　　风平浪静的时候，这片世界上最美的海滩总是沐浴着金色的晨曦，微笑着展示自己的丰姿妖娆。略带着几分湿咸的海风轻轻扬起你的长发，即便是隔着厚厚的太阳镜，你的双眼也会因为那耀眼的金色而变得迷离。清澈的海水是清一色的天蓝，没有渐变的颜色，剔透得让人分不清哪里是海，哪里是天。抬起头，云朵似乎就在头顶，天空压得那么低，阳光又那样温醇。静静地躺在沙滩上，摩挲着一枚扇贝，将脚丫浸在水中，惬意有的时候来得就是如此简单。

　　快艇随时都能够租到，可以自驾，也可以找人代驾。趁着阳光晴好的时候，乘船去海钓是个非常不错的想法。翔集的沙鸥会为你鼓掌，长尾鹦鹉叽喳也不会让你觉得烦躁，摇曳的树影婆娑依旧，调皮的海浪正向沙滩倾倒着水做的白珍珠，久经考验的鱼儿依旧抵不住香饵的诱惑，争先恐后地成为你的囊中之物。

　　天边的流云渐渐增多，浪花一个接一个打来，风变得有些凉，你需要做的便是马上返航。不是害怕遭遇风暴，而是因为冲浪的时刻到了。冲浪者天堂海滩似乎天生就是为

■ 黄金海岸气候宜人，日照充足，海浪险急，是冲浪者的乐园

冲浪而存在的，两三米高的海浪直袭，突起的惊涛让你胸中的激情刹那澎湃。站在冲浪板上，直视着汹汹而来的浪头，一种和海浪赛跑的豪情油然而生。或许你不会高飞，但海浪会带着你飞。弄潮的英雄总是让人仰望，看，天边那一缕最灿烂的晨曦不正在为你欢呼吗？

　　世界上总有一些事情，让人畏怯又让人向往，冲浪是其中之一。假如你还不够勇敢，那么来冲浪者天堂吧，拍岸的惊涛能将你心中沉睡的渴望唤醒。如果你足够勇敢，还有什么可犹豫的呢？对冲浪者而言，黄金海岸难道不是最终的向往？

越冲浪者乐园以及布罗多海滨，这些是走路一天时间都玩不过来的景点。

冲浪者天堂

冲浪者天堂是黄金海岸的中心，它是一个与水相关的娱乐之地，游人可以乘船观看运河两岸的宜人风光，也可以进行刺激的冲浪活动。而且，这里水域宽广，帆船航行、滑翔跳伞、滑浪风帆等项目都应有尽有，是平时难得一见的海上项目如此齐全的娱乐之所。因此，引得无数人心动，从而一试身手。

■ 海洋世界的海豚表演让人应接不暇

醉美风景

海洋世界

来到黄金海岸，海洋世界是必去的，这里不但可以欣赏有趣的滑水表演，还能看到海豚、鲨鱼等海洋动物。从地面到空中，可以乘坐直升机，而且价格不贵；坐着直升机飞

TIPS

❶ 冲浪时虽然有专人保护，但是在操作时必须听从工作人员的意见。

❷ 不下水时，太阳镜、遮阳帽都要戴好，以免晒伤。

关键词：惊险刺激、白沙碧水
国别：危地马拉、洪都拉斯、巴拿马等
位置：北美洲东南部

加勒比海

★ ★ ★ ★ ★ ★ ★ ★ ★ ★ ★ 惊险刺激的风筝冲浪 ★ ★ ★ ★ ★ ★ ★ ★ ★ ★ ★

曾经以为《加勒比海盗》就是一个虚构的梦，但当真正白沙碧水的加勒比海出现在眼前的时候，我们才知道，原来梦真的可以在现实中具现。

东北季风的凛冽依旧，加勒比的迷雾却没有随着时间的冲刷而渐渐淡去，神秘的海盗船，隐藏在天涯海角的宝藏依旧能勾起无数人的向往。邂逅加勒比海是一次偶然，天堂岛的海豚突然罢演，退而求其次之下只好乘着海风到海上逛逛，一回眸间，才明白买椟还珠竟然是如此解释的。

加勒比的海水很奇特，它不是那种泛滥了全世界的蓝色，而是一种纯净得连上帝的冰晶都无法比拟的绿色。浅绿、深绿、翡翠绿、宝石绿，一点点、一抹抹、由深到浅、由浅到深。乍一看有些凌乱，凝目时却发现那错落的绿色和周围的山水竟是如此和谐。而这种和谐在洛斯罗克斯群岛表现得尤其明显。

作为加勒比海的明珠，洛斯罗克斯群岛的美丽与生俱来。五颜六色的珊瑚礁奇幻绮丽；繁星点点的夏夜；红树林中漫天飞舞的萤火虫更充满了灵动；北梭鱼是所有海水垂钓者的最爱；细沙如雪的沙滩和浪漫的棕榈树更在不知不觉间演绎出了现实版的《仲夏夜之梦》。

■ 穿过椰林的夕阳，将加勒比海渲染得犹如梦境一般

严格的入境控制让洛斯罗克斯群岛一如从前一般干净纯美，远远望去便似失落在人间的伊甸园。细腻的沙滩就像是一团团的云朵，踩上去绵绵软软的特别舒服。春花烂漫的时候和相爱的人在这里邂逅是一种浪漫，但初冬时节，执子之手，在海上玩一场高尔夫却更容易令对方感动。

海上能打高尔夫吗？其实海上高尔夫就是冲浪。不像冲浪天堂毛里求斯，加勒比的

海风只有在冬季才能满足放飞风筝的梦想，洛斯罗克斯群岛也一样。

海浪在这个时候就是陪衬，冲天而起的充气风筝挟裹着全部的期待。风很大，但并不凛冽，踩着滑板站在水上，要做的就是静静地等待，当风筝越飞越高，巨大的拉力会带着你在海上自由地滑翔。四条缆绳是唯一的依靠，手中的操作横杆是随心所欲的最大保障。激流在后退，浪花在翻卷，风筝的独舞变成了炫耀，那一刻，除了仰天长啸，没有任何方式能疏解心中的豪情。

阳光淡淡地洒下，旁边飞起的另一只风筝却让人心惊胆战，风筝线搅在一起可是危险的事情，好在，风筝已经掉头。高度的攀升带来了极限的速度，什么是刺激，什么是惊险，假如你不明白，向着加勒比海前进吧，洛斯罗克斯群岛会给你答案。

醉美风景

巴拉德罗海滩

巴拉德罗海滩是古巴最有名的旅游胜地，被称为古巴天堂。这里有着各式各样的珊瑚，海水清澈，水域净蓝。长达 20 千米的白色沙滩与蓝色水域形成分明的界线，组成加勒比海最大的海滨度假区。游人与海水相簇拥，或坐或游，看珊瑚，观鱼虾，趣味多多，令人乐而忘返。

哈瓦那

哈瓦那分为新城与旧城两个区域，新城濒临加勒比海岸而建，充满现代化的时尚气息。老城则位于哈瓦那湾西面的小岛上，面积不大，但拥有最负盛名的武器广场、老广场等景点。走在散发着历史意味的旧城，一边享受古色古香，一边感受时光消逝，不失为一种人生享受。

TIPS

❶ 赶赴加勒比海之时，不妨在渡轮上取一张信息卡，上面的游玩信息非常全面。

❷ 建议自带防晒用品。

关键词：荒凉、沉船
国别：纳米比亚
位置：纳米布沙漠和大西洋冷水域之间

骷髅海岸

沙漠与浪花的交响曲

　　骷髅海岸是一个荒凉的地方，但当这种金色的荒凉在大西洋的蔚蓝海浪中绽放的时候却是一种唯美。

■ 骷髅海岸充满危险，来往的船只经常失事

　　曾经以为冰与火的恋歌只属于乞力马扎罗，转过头来才发现，在古老的纳米比亚，纳米布沙漠和大西洋早已经相恋多年，纳米布沙漠上狭长的绿洲就是它们爱情的见证，荒凉而奇美的骷髅海岸则是它们的定情信物。

　　骷髅海岸，又名地狱海岸，零零星星散落在海岸线上的沉船遗迹和骸骨即便是在非洲最炽热的阳光下也散发着一种来自远古的寒意。漫步其间，心中没来由地感觉到忧伤。那些流动的、苍茫的、仿佛碎金一般的沙丘是海岸上最欢快的住客，澎湃的海浪拍击着岸边的岩石，一块块青灰色的石头已经在岁月的流岚中被蚀刻得千奇百怪。贝壳、鹅卵

■ 这条500千米长的海岸备受烈日炙烤，显得那么荒凉，却又异常美丽

■ 搁浅在荒凉的海岸上的船只残骸

石从来都不算是骷髅海岸的珍藏品，玛瑙、砂岩、光玉髓、玄武岩才是它的最爱。

斑驳的沙滩上不适合撒欢儿，一波一波的浪头也氤氲着一种飘零的荒凉。海岸上人很少，烁金的沙丘间总是有一幕幕海市蜃楼的奇景在不断地演绎着过去的故事。风很大，浪很急，八级风在这里不代表灾难，谁也不会为一场八级的大风感到新奇，因为海面上天天都在上演澎湃的飓风。

说实话，到骷髅海岸冲浪的确是需要勇气的，海面上终年不散的迷雾虽然在晨曦的朝露中略显诗意，但对冲浪者而言却是梦魇。成千上万的海豹就趴在沙滩上，非洲象和羚羊彼此凝望，似乎要在这沙漠中少见的海蓝中寻找一丝不属于荒凉的痕迹。

荒凉也是一种美吧，起码在骷髅海岸是这样。低空掠飞的海鸥永远都不知道疲倦，沙丁鱼也很愿意在午后乘着海浪出来放放风。洁白的泡沫在空中激荡，阳光在八分之一海面被分解成了无数迷离的光。随时都能够遇

到追赶的浪头，风向却有些难以捉摸，骷髅海岸的荒凉与那氤氲着邪气的美感似乎连大西洋都有些畏怯，以至于当冰冷的海水流到这里的时候也学会了翻转。

翻转的海浪对冲浪爱好者来说实在是梦寐以求的。站在冲浪板上，乘风破浪将整个大西洋都踩在脚下的感觉不是一般的爽快，左眼看惊涛，右眼览大漠的独特视觉冲击更让人惊艳。

骷髅海岸，一个梦魇中的冲浪天堂，一个冰与火交织的地方，美得荒凉，美得震撼，勇敢如你，敢来吗？

醉美风景

骷髅海岸

在纳米比亚，没有人不知道骷髅海岸，它位于纳米布沙漠与大西洋冰冷水域之间，全线约长500千米。它水流交错，暗礁云集，一直被船员称为地狱海岸。不过，这里的赭色沙丘，是世界上最难得一见的景致，这道风景是由海市蜃楼现象所形成的，只有极少数的旅游者以及那些沙漠动物才能见到。从而，骷髅海岸一直是人们认为最神秘、最恐怖的风景区。

渥尔维斯湾

渥尔维斯湾又称鲸湾，是纳米比亚重要的港口之一。这里不但有巨大的盐场，更能一观火烈鸟群集的堰湖景致。如果乘着船顺流而下，就可与海豚一起嬉戏，与海豹近距离接触。

■ 渥尔维斯湾有繁忙的货港，还有旖旎的海滨风光

TIPS

❶ 去纳米比亚之前，到银行买旅行支票可以节省其他支付方式的各种手续费。

❷ 骷髅海岸有很多船的残骸和人的遗骨，心理承受能力差的人尽量不要去。

关键词：富人区
国别：美国
位置：佛罗里达州东南部

棕榈滩

"土豪"最爱的户外运动地

棕榈滩每年流动着全球四分之一的财富，这里有一幢幢私人别墅，有许多富豪名人，有许多人一生向往的生活，这里唯独没有烦忧。

脚踏细沙，身朝大海，暖阳照面，海味入鼻。极目远眺，海面上游艇如鱼群飞梭，白浪横接天地，向着金黄的沙滩卷卷而来，翻腾叠起，一个浪头叠过来，沙滩上登时折射出黄金般的光芒。这就是位于美国佛罗里达州东南部的棕榈海滩，有着"黄金海岸"之称的黄金海滩。

棕榈海滩是顶级富人区的代名词，自100多年前美国铁路大亨将铁路修至棕榈海滩后，海滩便凭借它温暖宜人的气候和沁人心脾的海景吸引了越来越多的富豪来此居住。除了美国本土的富人，几乎全世界的富商巨贾都把这里当作是自家的后花园。闲暇之余，他们和大多数慕名而来的游客一样会选在下午或傍晚时分来到沙滩，或是沿着海边悠闲地散步，或是穿着轻便的泳衣投入清凉的海水中游泳；又或者抱着长长的冲浪板，赤足从金色的沙滩上一路走向浪花，在海面之上驰骋。

冲浪——这才是用心去拥抱棕榈海滩的

▣ 美航中心球馆

最佳方式。长长的冲浪板就像是勇敢者脚下小小的帆船，而冲浪者的双脚就像是掌控帆船方向的舵，用身体作船帆，用内心感知风向，驱动冲浪板前行。伴随着浪起浪涌，人们在浪尖上与浪花戏耍，激起的银白水花在阳光的映照下如钻石般璀璨。有的冲浪者刚学会冲浪不久，难免掌握不好重心，一不小心就会从冲浪板上跌下来，落入水中，但这并

◘ 棕榈滩上高楼林立，是全球富人的聚居地

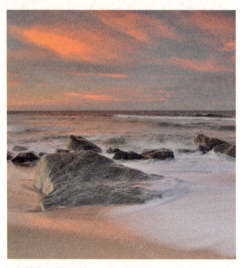

◘ 红霞漫天的棕榈滩，别有一番风味

不会影响到他们愉悦的心情，从海面上浮起时抹一把脸，他们会再捡回冲浪板重新开始。

棕榈海滩的浪多数时候是温柔亲和的，它就像旧时候故人亲切的问候，亲昵地抚着人们的脚，拖着冲浪板向前滑行。偶尔它也调皮捣蛋，故意扰乱冲浪板的方向。但棕榈海滩对于冲浪初学者来说依然是最佳胜地，他们能在这温柔的海域上迅速掌握到保持平衡的诀窍，即便是在学习冲浪的过程中不慎跌落下来，也会落入这温柔的碧波之中，不用担心磕伤。

徜徉在碧蓝的海面之上，碧波荡漾，长年的海浪把黄灿灿的沙粒冲刷成平整细腻的

■ 潜伏在水面上的鳄鱼一动不动，正在等待猎物的到来

肌肤，人潮涌动，温柔的阳光为每一个笑容都镀上了一层柔和的金边。这样的景色无疑会将每一个来到这里的人融化在海的怀抱之中，让人陶醉在物我两忘的梦境里。而在这样的梦境中踏上冲浪板，驰骋在浪尖之上，的确是一件令人心旷神怡的事情。

醉美风景

大沼泽地国家公园

位于佛罗里达州南端的大沼泽地国家公园建于 1974 年，覆盖面积达 5665.6 平方千米，深度为 15.2 厘米的淡水河缓缓流经广袤的平原，因而造就了这种独特的大沼泽地环境，这里也成了无数的鸟类和爬行动物以及海牛一类的濒危动物的避难场所。这里是美国本土最大的亚热带野生动物保护地，无论是在荒野露营还是在建成的野营地露营，游客都能享受到大自然的无穷乐趣。

美航中心球馆

位于迈阿密市中心的美航中心球馆是一座集运动和娱乐为一体的综合场馆，它建于 1998 年，是 NBA 著名球队——迈阿密热火队的主场，可容纳 19600 名观众。场馆一面朝海，一面高楼林立，四面海风徐徐，加上迷人的风景，使它成了迈阿密一道独特的风景线。

TIPS

❶ 郊区安静舒适的森上博物馆和扶桑花园不但可以参观，还可以听到有关日本移民历史的讲解。

❷ 在海滩游玩，尽量带上防晒用品，以免被晒伤。

关键词：冲浪、极限运动
国别：墨西哥
位置：胡安尼克城附近

蝎子湾

★★★★★★★★ 冲浪爱好者的"成人仪式" ★★★★★★★★

俯瞰世界地图，以圣迭戈为起始点，一路向南看过去，直到穿过一号公路旁的蒂华纳，你将看到一只"蝎子"安静地趴在碧蓝的海面上，那里就是著名的冲浪胜地——墨西哥蝎子湾。

▣ 完美的巨浪席卷着海岸，吸引了世界各地的冲浪爱好者

宽广无垠的金色海岸，风吹翻腾的蓝色巨浪，冲浪者敏捷的身影在海中飞跃着，无数个冲浪板沿着浪的轨迹描绘出一道道雪白的花。山与海，海与沙滩，沙滩与冲浪，所有的景致完美而巧妙地融合到了一起，于是成就了这无限的风光和惊险刺激的冲浪胜地——墨西哥蝎子湾。

在蓝天下，在阳光里，五颜六色的遮阳

伞沿海岸星罗棋布，构成蝎子湾光亮迷人的风景。游客或躲在遮阳伞下稍作小憩，谈笑风生；或躺卧在沙滩上，面朝阳光，享受这别具情趣的天然日光浴；或穿行在沙滩上，脚踏浪花。蝎子湾热闹的氛围与浪漫的情调不知不觉地就深植于游客的心里。也许不曾追寻过浪漫是什么，但是在这里，浪漫就那么不经意地来到了身边。

不过在蝎子湾，最浪漫的事还要数冲浪。乘一只冲浪板，俯卧或坐在上面，顺着平缓的海流缓缓划动，以等待时机。四面水波荡漾，远处海鸥啼鸣，湛蓝的天空下，内心深处的烦恼似乎都一扫而空。当海面不远处有海浪掀起并推动冲浪板前行时，机会就来了。慢慢地站起来，双膝微屈，两脚一前一后，凭借身体重心、肩膀和后腿控制冲浪板的方向，然后随波逐浪，快速滑行。每一波海浪都会将冲浪板高高托起，再向前推进，站在冲浪板上的冲浪者便须尽力稳住重心，一边开怀尖叫，一边迎向岸边。岸边，教练打着手势提醒着冲浪者，当海浪推着冲浪板由外海冲回岸边时，一定要在水深约 30 厘米时立即下板，以免直接撞到石头或沙滩上。

最令游客们期待的还是 9 月份的蝎子湾。这时蝎子湾将会迎来南部的巨浪风潮，海面上的大风顺着岸边呼啸，使巨浪看上去更加惊险。无数热爱冲浪的游客会选在这个时候会集在此，踏着冲浪板冲上浪头，驾浪前行。他们从翻卷的海浪中穿行而过，动作敏捷而迅猛，身后咸咸的海风与浪声合鸣，沙滩上一片叫好声。

直到薄暮来临，蝎子湾的浪仍在翻腾，冲浪者们也已经满足地带着冲浪板、伴着夕阳返回。在他们一次次与海浪搏击、驰骋在海浪上时，在他们一次次与海浪相追逐、拥抱蝎子湾的蓝天时，所有的烦恼与忧愁已经连同汗水一起挥洒一空。

醉美风景

岩壁露营

来到蝎子湾，不要错过岩壁露营。绝大多数冲浪爱好者都会选择在这里扎营露宿，与一般普通的露营不同，从这里向着海面远眺，可以俯瞰整个海湾，仿佛整个蝎子湾的夜景都能尽收眼底。到了夜晚，纯净的天空仿佛是被大海冲洗过，群星缀满天空，闪烁着钻石般迷人璀璨的光芒，叫人眼花缭乱。这里旧式风格的住宿标准是每人每晚 7 美元，费用较为便宜，帐篷顶是防水布材质，而且可以防虫。当地的餐饮价格也十分便宜，一个鲜鱼墨西哥玉米卷，再搭配一杯爽口的啤酒一共只要 3 美元，所以在这里入住的游客既能尝到当地的特色小吃，也省去了自带炊具的麻烦。

TIPS

❶ 在海中冲浪时要尽量避开水母。
❷ 如果在冲浪过程中碰到顺向外海的海流，最好顺着斜面方向跟着海流走，或是趴在冲浪板上等待救援。

▣ 露营是备受冲浪者青睐的过夜方式

关键词：海景、冲浪
国别：哥斯达黎加
位置：中美洲地峡

哥斯达黎加

越刺激越尖叫

　　云雾缭绕的神秘火山，变幻莫测的原始森林，这是哥斯达黎加的典型景观，也是著名好莱坞电影《侏罗纪公园》的取景地。

▣ 圣何塞教堂

在中美洲地峡区域，有一个风景如画的国度。它有热情洋溢的热带雨林与干树林，有繁华热闹的市集，有金黄灿烂的沙滩与碧海，这就是哥斯达黎加。它是造物者给予人们的一份丰厚的馈赠，是一片宁静与欢乐交融的乐土。

　　要说尖叫声最多的地方，再没哪个地方能比得上哥斯达黎加的塔马林多海滩了。抬头就是湛蓝无比的天空，低头就是柔软暖心的细沙，远处海风阵阵，吹起一波又一波翻滚的大浪，让人禁不住跃跃欲试，想乘上那波浪，随波逐流。对于许多喜欢追求刺激、热爱冲浪的人来说，这处环抱太平洋，享誉全球的海滩绝对是冲浪的胜地。

　　午后的海滩是人最多的时候。因为来到这里的许多游客会选择睡到自然醒，中午时分四处走走，避开阳光最烈的时候，到了下午便会穿着各式各样、颜色不一的泳衣来到海滩上。有的冲浪者早已经踏上了冲浪板驰骋在海面上，飒爽的身姿敏捷而迅速，他们在海浪的最高点，就像离弦之箭，自由地穿行在浪与浪之间，冲浪板下溅起的雪白的浪花一波接一波地涌上岸边。但有的只是初学者，刚刚踏上冲浪板时或许会因无法掌握重心而不小心掉入水中，但即使一再落水，咸苦的海水呛了满嘴，依旧没有人半途而废，

▫ 伊拉苏火山风光旖旎，森林密布，花草茂盛，风光不可
多得

▫ 海浪滔滔如雪花般盖在海滩上，如梦如幻

他们询问教练关于冲浪的技巧，掌握到要领后再度踏上冲浪板，直到尝试多次后终于能乘浪而行为止。海面上许多刚学会冲浪的新手甚至会禁不住手舞足蹈起来，他们的快乐感染着整片金色的沙滩。

能很快地学会冲浪或许都要归功于塔马林多海滩的浪。想要很快地学会冲浪其实并不是一件容易的事，但无论是冲浪新手还是冲浪高手，塔马林多海滩的水浪都非常理想。有的浪大，能带给人无限的刺激体验；有的浪小，温和而稳妥，极其适合新手滑水，不会有什么危险。这里甚至还有许多直接设在海滩上的冲浪学校，学校报名没有门槛，游客可以随到随学，非常方便。

美丽的塔马林多海滩处处是风光，或许许多初来的人在接触冲浪之前，从来都不知道，原来冲浪是一件这么刺激、愉快的事情。海滩上人们的尖叫声、欢笑声与哗啦啦的浪声交相呼应，金色的沙滩上人们的脚印犹如一朵朵黄色的小花，无意中成就了海边最动人的风景。

醉美风景

圣何塞

哥斯达黎加的首都圣何塞，是一个绝对不容错过的城市。它位于中部高原的肥沃谷地，海拔 1163 米，年平均气温在 20℃ 左右，气候宜人，四季如春，非常适合居住或度假。城市内绿树成荫，四处都能看见金合欢树、茶花和玫瑰花。城市中的住宅大部分是二层别墅，结构轻巧，造型别致。街道依山而筑，错落有致，别具一番风情。整个城市宛如一个大花园，因此，圣何塞又有"花城"之雅称。

阿拉胡埃拉省

阿拉胡埃拉省位于哥斯达黎加北部边境，首府是阿拉胡埃拉。在这里既能看到东部、北部的平原，又能看到西部、南部的山地，以及最高峰的波阿斯火山。此外，这里的畜牧业和工商业的发达程度均居全国第二，甘蔗产量占全国一半。再加上当地气候温和宜人，风景优美，鲜花满城，所以阿拉胡埃拉省也是一个避暑、旅游的胜地。

TIPS

❶ 塔马林多海滩上有许多钓具、泳具租借处，游客无须自带水上用品。

❷ 塔马林多小镇有许多酒店，有些酒店的后院就是海滨，可以随时到沙滩上玩耍。

第六章

激流勇进

探险总是带给我们许多意想不到的惊喜，
漂流总是能让我们释放自己内心最真挚的情感。
一起踏上漂流的征程，
在激流勇进中，
乘风破浪。
用生命诠释内心对漂流的热爱，
让我们一起在漂流的旅途中邂逅，
来一场最刺激的户外运动。

左图：广阔的赞比西河突然从陡崖上跌入深邃的峡谷，声如雷鸣，水如云雾

关键词：漂流、探险
国别：美国
位置：美国西南部、墨西哥西北部

科罗拉多河

体验漂流探险

褐红色的谷底里，数百米宽的科罗拉多河在静静地流淌，蓝天为衣，白云为裳，红岩似胭脂，绿水作丝绦，俨然最美丽的天然图画。

◤ 科罗拉多大峡谷宛如仙境般七彩缤纷、苍茫迷幻

亿万年前，造物者在亚利桑那州境内添加了一方火红的土地。亿万年后，随着风霜雨雪的侵蚀，广袤大地被切割成壮丽的河谷，而就在那 300 米深的红色峡谷壁下，一条绿色的丝带蜿蜒流淌，那便是沙漠里的奇迹——科罗拉多河，拉斯维加

斯生命的源泉。

伫立崖边，凝视谷底，风吹浪花，浪拍绝壁。举目远眺，沿着干流的两岸风景如画，四周美到极致的峡谷风光震撼人心，叫人忍不住去探一探，去瞧一瞧。那么，不妨沿着科罗拉多河，体验一把举世闻名的"白浪漂流"。

戴上漂流专用的头盔，穿好救生衣，拿着长竿踏上漂流筏。当一切准备就绪时，教练一声令下，漂流筏依着水势往前一划，从清凉的水花中一跃而过，筏子上的游客们几乎一瞬间就能感受到来自科罗拉多河之上徐徐清风的问候。在那翻起的浪花的温柔推动下，漂流筏乘波逐浪，缓缓前行，时而轻盈如燕，时而奔腾如虎，偶尔会遇上旋转的水流而偏离方向，又或是打着回旋，左摇右摆静止不前。这时游客们在教练的指挥下撑起长竿，左边向后划动两下，再往右边向后划动两下，依着口令有节奏地交换划动，使漂流筏受力均匀、保持平稳。

但开始的平缓只是前奏，当漂流筏前行一段距离后，水流就开始变得湍急了。曲折蜿蜒的科罗拉多河，忽高忽低，漂流筏陡然开始加速前进，横冲直下，坐在筏子中几乎无法稳住自己的身体，只能任凭水流咆哮着，任凭壮丽的河谷之中快意刺激的尖叫声此起彼伏，久久回荡。而那水花肆意飞溅，不知湿了谁的额发，又不知抚了谁的脸颊。不一会，漂流筏上的所有游客都衣衫尽湿，但这并不会影响到他们玩水的愉悦心情，当水流再回归平静，身旁有其他游客经过时，即使彼此之间并不认识，他们也会像老朋友一般相互泼着水，嬉戏玩闹，好不自在。

🔲 蜿蜒于谷底的科罗拉多河曲折幽深，水光山色变幻多端，天然奇景蔚为壮观

■ 在白浪激流中漂流异常刺激

在科罗拉多河漂流，遇缓流时滑浪而行，遇急流时漂流而下，在漂流过程中体验冲浪带来的惊喜与刺激，体验科罗拉多河两岸的恬淡静谧。这就像是在历经人生的道路，无论是一帆风顺还是突遇挫折，在安逸中享受喜悦，在苦辣中回味甘甜。

醉美风景

白浪漂流

举世闻名的"白浪漂流"大峡谷之旅是集观光与娱乐为一体的探险项目，也是许多人梦寐以求的顶级户外活动。该活动通常情况下需要提前一年进行预约，每年的4—10月是进行白浪漂流的最好季节，其中4—6月及9月的气候较为凉爽，怕热的游客可以选在这个时间段出行。漂流旅程最短3天，最长可达3个星期。旅途中会有专业导游带领你在河畔宿营、生火做饭，让你回归最淳朴的自然生活。

大峡谷国家公园

位于美国亚利桑那州北部的大峡谷国家公园，是由地质变化创造出来的鬼斧神工的景色。它是世界七大奇景之一，更是美国最值得一看的国家公园之一。徒步峡谷，阳光普照下地质犹如铺上了一层魔幻的色彩，这是由于峡谷两壁的岩石所含矿物质的不同所造成的自然奇景，峡谷的颜色会随着阳光的强弱、天气的阴晴变化而变化。所以这里不仅适合体力充沛、酷爱登山的年轻旅友，也适合只爱开车、散步看美景的"懒汉一族"。

TIPS

❶ 穿着上尽量选择简单、易干的衣服，但不要太薄或色彩太淡，最好携带一套干净舒服的衣服准备下船时更换。

❷ 大峡谷国家公园有很多野生动植物，在参观时要注意保护它们。

赞比西河漂流

★ ★ ★ ★ ★ ★ ★ ★ ★ 激发你的肾上腺素 ★ ★ ★ ★ ★ ★ ★ ★ ★

　　2750 千米的跨度，135 万平方千米的流域，无与伦比的狂野气势——赞比西河，足以征服每一位踏足领地的人。

■ 赞比西河以无法想象的磅礴之势翻腾怒吼，飞泻至嶙峋陡峭的深谷中，景象恢宏壮观

　　这 里是过去的十年里，无数著名的探险家酣畅淋漓地耗尽了自己肾上腺素的地方，这里是 42 个巨大的急流险滩的汇聚地，拥有世界上最壮观的险滩和 6 级的急流，这里与高达 91.4 米的维多利亚瀑布毗邻，享有"世上最好的漂流地"的美称。这里位

■ 站在维多利亚大桥上，感受身后一落千丈的维多利亚瀑布，既惊险又刺激

于非洲的赞比西河，是一个集天堂与地狱为一体的漂流胜地。

汹涌的激流犹如滚水沸腾一般，陡峭的山坡仿佛是被刀削过一样，峡谷内激流撞击两岸的声音似洪钟闷雷，越是深入巴托卡峡谷，越是能体验赞比西河所有的野性。但仅仅只是享受视觉的冲击当然不够，来到赞比西河的大多数游客都只有一个目的——挑战世界第二恐怖的漂流项目——瀑布城赞比西河上的漂流。

出发之前，工作人员会先为游客配备好救生衣与安全帽，并讲解安全事项与应急措施。当一切准备就绪后，皮舟便被推入水中。小小的皮舟顿时就像是一叶失重的扁舟，在激荡的赞比西河上随波逐流，游客们只能双手紧紧抓牢绳子，咬紧牙关，屏住呼吸。自

入水的那一刻起，他们就只能任由皮舟随着剧烈的震荡大起大落，任由激浪铺天盖地溅满全身。此时赞比西河的河水载满了大自然的激情，它的狂野与奔放令所有人惊讶，险滩突进仿佛是坐上了迪士尼的水上过山车；再下一秒迎来的回旋激流，皮舟就好似变成了一颗弹球，不断地被猛击、被吸入、被抛出。整个峡谷中除了激荡的水声，就只剩下游客们无尽的尖叫声与呐喊声久久回荡，响彻林间。

尽管游客们已经戴上头盔全副武装，并做好了充分准备，但面对疯狂咆哮的激流，小小的长竿已经无法控制皮舟的平衡，一路上不断有人不慎落水，伴随着翻船的时常发生，游客们跳入水中救人、捡船桨也成了家常便饭。4个小时的漂流旅程中，才渡过一

个险滩，又要迎来下一个弯道；才经过一个急流，又要突破一个直角。每经过一个险滩都仿佛是在鬼门关行走，但每一次成功突破所带来的喜悦与激情都是无法言喻的。

　　最终与湍急的河水搏斗几乎耗尽了每个人的体力，甚至还有人被晒伤了，但这场独一无二的经历绝对让人永生难忘。

引了无数游客前来观赏。

维多利亚大桥

横跨津巴布韦和赞比亚，面向维多利亚大瀑布而建的，是有着 170 年历史的维多利亚大桥。不仅拥有着独特的地理意义和历史意义，还有惊险刺激的极限运动：蹦极。要说最棒的蹦极地点，维多利亚大桥必然是其中之一。在维多利亚大桥上蹦极，短短的几秒的自由落体运动，一瞬间距离大桥 111 米的赞比西河将疾速冲入视线。

醉美风景

维多利亚瀑布

要说津巴布韦最知名的旅游胜地，那一定是维多利亚瀑布。1855 年 11 月，一个叫大卫·利文斯通的欧洲人发现了它之后，以女王的名字命名了这个瀑布。壮观的水幕，似乎是上千吨的水从天上奔流而下，径直跃入山谷下 1.7 千米宽的崖谷之中。那些水雾中的景观若隐若现，为美丽的热带雨林中为数众多的鸟类、蝴蝶和小动物提供了温馨的家。可以说维多利亚瀑布以它奇特而壮观的美，吸

TIPS

❶ 赞比西河是许多野生动物的家园，有鳄鱼、河马、巨蜥和鱼鹰等动物，在这里还有可能会看到狮子、狒狒、斑马和大象。

❷ 喜欢急流的爱好者可以选择在赞比亚的利文斯顿城露宿，傍晚可以戴上一顶宽边太阳帽，到河边享受沙滩美景。

关键词：漂流、极限运动
国别：尼泊尔联邦民主共和国
位置：喜马拉雅山脉南麓

尼泊尔

★★★★★★★★★★★★ 漂流运动的天堂 ★★★★★★★★★★★★

用脚步丈量群山，用身体触摸海浪，在某个阳光明媚的早晨醒来，推开窗子海风的味道迎面扑来，这就是尼泊尔给人带来的震撼。

❑ 彩色的小木船飘荡在平静的水面上，为这一幅山水画增添了一抹艳色

它是背包客的故乡，它是徒步者的胜地，它是佛祖的诞生地，它是漂流运动者的天堂，它是尼泊尔。有一万个理由让人无法拒绝尼泊尔，它的自然风光，它的独特气质，它的神秘宗教，它是最值得一去的神秘国度。尼泊尔，不会让任何人失望。

去尼泊尔旅游，如果没有去感受漂流的乐趣，那将是一件非常遗憾的事情。因为丰

沛的雨水加上世界第一的海拔落差，使得尼泊尔大多数河流都非常适合漂流探险。在尼泊尔漂流，价格不仅非常便宜，漂流的路线也非常多。根据不同的要求、不同的等级，游客可以自由选择不同的漂流线路，如果是首次尝试漂流的游客，可以选择普通的漂流；如果是漂流经验丰富，渴望挑战、追求刺激惊险的游客，还可以参加急流险滩漂流线路。所以无论是一般漂流爱好者还是敢于挑战极限的漂流爱好者，尼泊尔的河流都能满足他们的需求，这也是尼泊尔漂流广受欢迎的原因之一。

在漂流过程中，每名游客都要穿好救生衣、戴上头盔，并拿好一支船桨，到河边的橡皮筏旁边接受简单培训。工作人员会给每一位游客讲解落水、翻船的救生常识，然后安排游客实际操练一下，告诉他们整个漂流过程需要听从指挥，按口令行船。一切工作准备就绪，上船之后，相互之间会进行简短的自我介绍，相互认识，这让人更能领会到

■ "山中天堂"——加德满都

同舟共济的意义。

　　一声令下，橡皮筏被推入水中，船员们开始按照教练的口令指示有节奏地往两边划动船桨。此时的河水就像沉睡的婴儿般安静，但船上的每一位船员都明白，就在前方，"暴风雨"即将来临。划行一段时间后，水流开始变得湍急，前方一个险滩就像是一只拦路虎，橡皮筏一个猛冲突破，这趟漂流盛宴才算正式开始。

　　几十千米的漂流旅程，一路经过好几处急流险滩，筏子一会儿冲到浪尖，一会儿钻到谷底。水花不断四溅，大浪不时向筏子袭来，几乎坐立不稳的船员们已经顾不上用船桨了，在失重失衡的世界里，他们只能牢牢抓住筏子，任由全身湿了个彻底，任由尖叫声充斥耳边。直到这场漂流盛宴结束，当橡皮筏经过平缓的水域时，游客们的嗓子已经沙哑得几乎快说不出话来，但每个人的脸上都带着愉悦的笑容，当遇到其他的橡皮筏时，他们还会朝对方拨弄河水，戏水打闹。

　　此外，许多长线漂流都可以抵达尼泊尔比较偏远的国家公园和野生动物保护区，可以在享受漂流带来的刺激的同时体验丛林探险的惊喜，这将会使尼泊尔之行更加完美。

■ 尼泊尔多姿多彩的街巷

加德满都

加德满都，"光明之城"的意思，它位于尼泊尔中部的加德满都谷地、巴格马蒂与维什努马蒂河交汇处，是尼泊尔的首都。这里四季如春，年平均气温为 20℃。在这座拥有 1000 多年历史的古老城市中，作为尼泊尔古代文化象征的精美的建筑艺术、木石雕刻随处可见。这里还有尼泊尔历代王朝修建的宫殿、庙宇、宝塔、殿堂和寺院等建筑，算起来全市大大小小的寺庙共有 2700 多座，几乎是五步一庙、十步一庵，正因如此，人们才会将这座城市称为"寺庙之城""露天博物馆"。

博卡拉

博卡拉是尼泊尔的第二大城市，是加德满都谷地之外最著名的观光城市。在博卡拉有费瓦湖、佩古纳湖、鲁巴湖等三个湖，周围被安纳普尔纳峰和道拉吉里峰包围着，在这里游客可以尽情地欣赏喜马拉雅山脉的壮丽景色，还能面朝 7000 米的鱼尾峰，在海拔几百米的费瓦湖上泛舟。

TIPS

❶ 最佳游览时间：2—6 月、10—11 月。
❷ 外国的游客要在尼泊尔进行漂流运动的话，均需要漂流许可证，一般一个工作日就可办妥。

关键词：漂流、瑜伽圣地
国别：印度
位置：喜马拉雅山脉入口处

瑞诗凯诗

漂荡在恒河之源

　　人口不过数万，却是享誉世界的瑜伽圣地。这里是坐落在印度北部喜马拉雅山南麓的恒河岸边的一座小镇——瑞诗凯诗。

■ 在瑞诗凯诗，时间仿佛放慢了节奏，晕染开中国水墨的素淡写意，空灵且飘逸

　　俯瞰喜马拉雅山，自山脉入口处看过去，有一座宁静而神秘的城市。那里的空气清新，印度人心中神圣的母亲河——恒河从中蜿蜒而过，洗涤着往来的人的灵魂。那座城市叫作瑞诗凯诗，是一个与恒河神韵始终相通的圣地，亦是一处将自己放任于河上随波漂流的好去处。

　　甘地曾说："印度是一处混乱之所，既是

众神与信仰之国，也是嘈杂与贫困之国。"的确，每个踏上印度土地的旅人的感情都是复杂的，每一场游历似乎都充斥着酷热与喧嚣，因此出离满是红尘痕迹的新德里，这座依山傍水的素食之城的洁净与清凉便越是显得难能可贵。若是在这条圣洁的河流中，或携同亲朋好友，或孤身一人，租一艘橡皮筏，在这恒河上来一场随心的漂流，随波逐浪，该是多么美妙的一件事。

不同于一般的漂流，在瑞诗凯诗的恒河之上，没有惊险刺激的疾速险滩，没有骇人听闻的回旋急流，也没有如沸水一般沸腾的大浪。瑞诗凯诗有的只是宛如轻纱的梦境，以及从温柔缱绻的碧水上吹来的阵阵清风。

乘一条漂流筏，任其漂流在瑞诗凯诗的河流上，用移动的视角欣赏沿途美景。碧绿的河水汩汩流动，放眼望去满眼都是郁郁葱葱的喜马拉雅山。岸上静谧的村落、古老的寺院仿佛融成了一幅画，而身临这幅画中，只觉得周身有梵音低低吟唱，灵魂也随着波浪轻轻荡漾：一波荡走内心的浑浊，一波荡走身上的疲乏，一波荡走尘世的污垢。这种独特的感受在其他地方很难体验到。

船桨就是"灵魂之舵"，可以划动它指引漂流筏前往任何想要去的地方。或者干脆将船桨收进来，缓缓坐下，让身体放松地躺在漂流筏上，合上眼，将自己的灵魂放空到河水之上任其漂荡；又或者用指尖轻轻撩拨着水面，冰凉却不刺骨的河水像轻盈柔滑的丝绸，那触感一如眼前的瑰丽世界，而漂流便

■ 在碧绿的恒河中漂流，满眼都是青葱，趣味十足

■ 蜂拥而至的教徒希望从恒河中取到圣水获得湿婆保佑

是通向它的那条芳径。

　　瑞诗凯诗的漂流没有惊险，也没有尖叫，有的只是被这方圣洁之水净化的淳朴心灵，有的只是碧波之上毓秀的风景。身处这片风景之中，神秘而又圣洁的气氛笼罩着每一处风景，而每一处风景都可能孕育着一个古老的传说，以至于当漂流筏渐行渐远，穿过罗摩桥时，会有一种仿若身处宏大史诗中的莫名心动。

醉美风景

赫尔德瓦尔

赫尔德瓦尔，即"哈里之门"，指的是"恒河之门"。它位于北方邦西北部、上恒河运河的起点、恒河的上游右岸咽喉要道。在这城南郊的达克合什瓦尔古庙附近，有一对相传是湿婆神沐浴时留下的脚印。如果游客恰好在

4、5月的时候来到这里，还可以参观每年这个时候举行的圣水沐浴活动。

阿尔莫拉

这里是印度重要的军事基地，位置靠近中国西藏。放眼望去皆是绿色的山谷和白雪皑皑的山峰，这正是阿尔莫拉最吸引人的地方——最原生态的自然景观以及安静的环境。在这里，游客能看到已经传承了几世纪的文化，以及在这种恶劣的气候条件下顽强地生存的人们。因为当地的烹调基本上与北印度一些地方的烹调风格类似，所以喜欢美食的游客还可以享受一下当地的美食。

TIPS

❶ 瑞诗凯诗距离新德里只有200千米的距离，所以游客可以从新德里乘夜班火车前往，7个小时即可抵达。
❷ 在瑞诗凯诗有许多瑜伽学校，几乎都能提供住宿。卫浴设施虽简单，但很干净，价格也相当低廉。

关键词：漂流、探险
国别：印度尼西亚
位置：巴厘岛乌布区

阿勇河漂流

★★★★★★★★★★★★ 够胆你就来 ★★★★★★★★★★★★

　　11 千米的跨度里，22 处急流点形如拦路虎，两岸原始森林的景象如画如梦，这就是巴厘岛的阿勇河。准备在静谧的风景里体验致命的快感吧。

◼ 乌布舞蹈，柔美而健俏

　　茂盛的树林，辽阔的田野，阴森的蝙蝠洞，壮丽的瀑布，原始森林的气息洒满了每一个角落，变换无穷的风景交织在一起，汇聚成一处风景独秀的人间天堂——巴厘岛。阿勇河就是坐落在巴厘岛的梦中仙境，是一片宁静、安谧的乐土。

　　人们常说，只有去阿勇河漂流，才能领略到真正的巴厘岛风光。那里河岸广阔，植被繁茂，大部分河段水流较平缓，非常适合喜欢观赏景色的漂流初学者。因此每年都会有许多游客慕名前来，游客抵达漂流点后会先穿上救生衣、戴好头盔、拿着船桨，在教练讲解完安全须知和口令的含义后，奇幻的漂流旅程就可以开始了。

　　沿着崎岖的山路慢慢地向下走到河边，一般一只橡皮筏能容纳 4～6 名乘客。随着教练一声令下，橡皮筏顺势被推入水中，顺流前行，此时水面还很平静，就像暴风雨前的宁静，从水面上袭来的微风吹走炎热，带来一阵阵清凉。漂流者根据教练简单而干脆的口令划动船桨，划过一段距离后，陡坡就出现了。

　　湍急的水流带动橡皮筏左右摇晃、上蹿下跳，船上的游客抓着筏子极力稳住身体，却全被淋了个"落汤鸡"。但这并不是阿勇河全部的狂野，前方的疾速险滩才是它激情火热的真面目。快到险滩的时候，教练提醒游

▫ 乌布，安详美丽的田园风光和无处不在的艺术气息令人感到新奇

客们，如果喜欢刺激可以继续留在船上，一口气猛冲下去，如果害怕的话可以提前下船，从河边绕过去。但大多数游客还是会选择留在船上体验一头扎进激流中的致命快感。筏子在弯弯曲曲的河道中如行蛇游龙般向前驰骋，此时筏子内如同水漫金山一般，但游客们已经顾不得将水舀出去，因为稍一不留神，他们就会掉入水中。直到渡过了激流，船一头扎进了一汪缓流地带才逐渐恢复平稳，这场叫人窒息的漂流之行终于接近尾声。船上的游客纷纷感叹，漂流过后的心境是如此清纯美好，无一丝杂念，或许就是在那激荡而致命的快感里，所有的烦恼忧愁都被抛洒一空了。

当然在冒险之余也别忘了欣赏巴厘岛的美景，阿勇河漂流的路线中将瀑布、深潭、奇石、丛林都包含在内，在深窄的峡谷中急进，移步换景，令人目不暇接。那些美景，美得令人震撼，美得令人赞叹。如果遇上其他游客，即使是不曾相识，也可以相互泼洒水花，在这里打一场欢乐的水仗也是不错的选择。

▣ 海神庙是巴厘岛最著名的寺庙之一，盖在海边的一块巨岩上

醉美风景

海神庙

在巴厘岛，有一段狭窄的悬崖伸入海中，而这悬崖之上有
一座寺庙，名为海神庙。它建于 16 世纪，供奉着巴厘诸
神，是巴厘岛三大神庙之一，也是 7 座濒临海岸的庙宇
中最著名的。每逢涨潮之时整座寺庙就与陆地隔绝，孤零
零地矗立在海水中，仿佛遗世独立一般，十分奇特。不
仅如此，海神庙还拥有巴厘岛最美的夕阳，夜幕降临时，
夕阳一层一层地染红海面，海面一片一片地照红天空，
那一片火红仿佛触手可及，因此日落时分是观赏海神庙的
最佳时间。

▣ 海神庙拥有巴厘岛最美的夕阳，夕阳西下时的景色如诗
　如画般美丽

乌布

位于巴厘岛中南部的乌布是一个远离海滩的小镇，它是巴
厘岛的文化艺术中心，也是世界闻名的艺术村。在小镇的
大街小巷中，四处是散发着艺术气息的工艺品店和博物馆，
绘画、雕刻、音乐、舞蹈、纺织、摄影、建筑等各方面的
艺术品叫人眼花缭乱。自 1930 年以来，就常有世界各地
的艺术家来此寻找创作灵感，电影《美食、祈祷和恋爱》
也曾在此取景。

TIPS

❶ 在海神庙的右侧有一块突起的岩石，那里是拍摄海
神庙及日落景色的绝佳地点。

❷ 寺庙不接受非印度教徒，所以游客只能在庙外观赏，
并且景区内的祭祀平台游客也是不能登上去的。

关键词：刺激探险、漂流
国别：马来西亚
位置：婆罗洲

沙巴漂流
★ ★ ★ ★ ★ ★ ★ ★ ★ ★ 体验生死一瞬 ★ ★ ★ ★ ★ ★ ★ ★ ★ ★

在这里可以攀登马来西亚第一高峰、可以水上漂流、可以丛林探险，这里是沙巴，位于马来西亚婆罗洲上的一座梦幻乐园。

◘ 男孩在竹筏上划水，倍感清凉

上帝在勾画马来西亚的版图时，在婆罗洲上画下了一个如仙境般的迷人之地，那里有郁郁葱葱的青山，有碧蓝澄澈的海洋，有阳光灿烂的沙滩，还有古老而神秘的河流，似乎所有独特秀美的风景都齐聚于此。这就是沙巴，是上帝的馈赠。

凉爽的四季气候，曲折的山间河道，一路的景色青翠俊丽，这浑然天成的自然风景使沙巴成了漂流的绝佳胜地。前来游玩的游客自然不会错过将自己寄情于山水之上的机会，他们迫不及待地戴上安全头盔，穿好救生衣，乘上橡皮筏，随水流滑下。此时的河

■ 划木船的少年们

床温柔而平缓，极目远眺，隐隐可见山林中一两处炊烟袅袅的农舍，或是河岸边三五成群嬉戏的孩童。眼前，青绿写满视线，自然原始的生态系统保留得完整无缺，各种树木千姿百态地矗立着。身处这般宁静而祥和的画面，总会令人有些置身世外桃源的感觉。

橡皮筏滑出一段距离后，水流就开始变得湍急了。这条延伸在峡谷坚硬腹地的蜿蜒流动的河，一瞬间犹如突然苏醒的狮子，仰头咆哮，汹涌的激流与旋涡不断地翻滚着，冲击着，一只只橡皮筏如同一片片树叶在水中漂荡。此时再用船桨划动几乎是徒劳的，大家只能勉强抓牢橡皮筏的边缘，极力控制住方向。

在冲击急流的过程中，筏子的前端时而埋入水中，时而被抬高离开水面，在起伏和摇摆不定的状态下，水浪不断袭来，头发与衣服很快就湿透了，就连船里也浸了不少水。但人们已经无心去顾及了，因为他们即将迎来最凶猛的旋涡与激流，必须集中精神、全神贯注。几个浪头凶猛地卷来，差点儿就翻了船。

在这万般惊险之际，那阵阵叫喊声和浪涛声交融在一起，既痛快又酣畅。呐喊声与欢笑声此起彼伏，仿佛压抑许久的不快都在这一刻一泄无余，所有的忧愁都在这一瞬间一扫而空，沉淀在心中的所有伤痛，都随着这浪涛声东流。

■ 纯净的沙滩、椰子树和平静美丽的如绿松石般的海水，仙本那就像是一个现实世界中的梦境之岛

冲过险滩，方才的生死一瞬仿佛只是场梦境，只有打在身上的冰凉舒爽的河水能够证明刚才经历过的一切。当人们一同把橡皮艇划向下游时，他们相互拥抱来表达挑战沙巴漂流成功的喜悦。

醉美风景

亚庇

亚庇，即"火"的意思，马来西亚沙巴州的现任首府，因为曾多次遭火神光顾，有"火之都市"之称。它是一座拥有50万居民的发展中的城市，是沙巴和婆罗洲渔业的兴盛地，也是东马来西亚的工业及商业重镇。作为行政中心、交通枢纽、港口、制造中心、旅游中心，亚庇也成了不容错过的一处风景区。

仙本那

仙本那，即巴天语和马来语中完美的意思。它是马来西亚沙巴斗湖省的一个县，仙本那和它的附属海岛就像是一个现实世界中的梦境之岛。或许很少有人知道，最初它只是马来西亚的一座小渔村，但如今随着时代变迁，它已发展成著名的海底世界旅游中心了，在这里可以找到很多绝佳的潜水基地。喜欢海鲜的游客可以在仙本那海上的渔船上买到新鲜的海鲜，无论是带回酒店亲自下厨或是交给酒店处理都可以。

TIPS

❶ 由于漂流结束后是不返回出发点的，所以游客最好穿凉鞋、拖鞋，在漂流过程中用绳子穿起来，拴在漂流艇后面一起到终点。
❷ 漂流时最好不要携带贵重物品，只带饮用水和防水相机。

第七章

海中潜行

你是否与我一样，

想一睹海底世界的芳容？

你是否与我一样，

想窥探海底世界的奇妙？

看绚烂夺目的珊瑚簇拥，

看可爱的鱼儿从脚下斑驳而过，

每一次的惊鸿一瞥都是一场意味深长的遇见，

我只愿走进你的心里，

细细领悟这令人难以忘怀的美景。

左图：大溪地就像美丽的姑娘，清冽纯情得令人窒息

关键词：人间天堂、海上的香格里拉
国别：法国
位置：波利尼西亚群岛

大溪地

★★★★★★★★★★ 世界潜水胜地之首 ★★★★★★★★★★

　　湛蓝的海洋，白色的沙滩，起伏多姿的叠翠山峦，色彩缤纷的热带花卉，此情此景便只有大溪地才有。在这人间天堂中，可以坐在船尾窥探这美妙的世界。

■ 潜水是欣赏大溪地的另一种方式

　　说到大溪地，就感觉一种热带的波西米亚风情扑面而来，这里四季温暖如春，物产丰富，这里的人们都是悠闲自在地享受着生活，他们经常坐在海滩之上，看着远方的风云变幻，屏气凝神，等待着日出和日落。这里的人称自己是"上帝的人"，

■ 备受阳光偏爱的茉莉亚岛，红光笼罩着海面，如网的波浪在编织鱼儿的摇篮

因为这里是最接近天堂的地方。

　　沉浸在这浪漫的世界之中，每天在海浪的拍打声中醒来，看海边小屋沐浴着从棕榈树下透过的点点阳光，慵懒地穿上一双人字拖，别一朵栀子花在耳鬓，走在这一望无际的洁白沙滩之上，看那搁浅在岸边的海螺与贝壳，踏着浪，就这样漫无目的地享受这种舒适轻松。大溪地是海上的香格里拉，这段旅程，我们注定逃不掉，也不想逃，只想成为这海洋中的一员，尽情地徜徉在这唯美的海景之中，享受这天堂般的美好。

　　大溪地作为世界潜水胜地之首，自然有它的原因。因为这里的气候温和，一年四季，每一天都是潜水的好时间。在这里，你可以看到平时看不到的珍稀鱼类，甚至可以与海豚在海底来一次拥抱与亲吻，将你与它的浪漫偶遇定格在相机中，就算是以后回味起来，也能清晰地记得此情此景。

　　在这个蓝天做被、珊瑚为床的浪漫海底世界，在这个天堂一样的地方潜水，内心除了激动，也就只有兴奋了。海底美景令人目不暇接，各种各样的鱼儿穿梭在脚下，或环绕盘旋，或舞动曼妙的身姿，一切的动作都只想欢迎你的到来。爱上大溪地，只需要一秒钟，看到纷繁的海底之后，你的内心世界会全部被它占据，容不下一丝一毫的别处风景。无论是什么样的潜水位置和潜水地点，都能让每一个来大溪地潜水的人收获颇丰。潜水的角度不同，看到的大溪地也是截然不同的，但无论多不同，最终都会回归到一个

■ 大溪地水晶般的海水纯净得让人惊叹

"美"字之上。

　　在这个人间天堂，每一个人的小宇宙都是爆发的。每一个来到这里的人最渴望的就是自由，只愿在闲暇之余，可以漫步在这海滩之上，欣赏这里的日出与日落，与自己的爱人在这人间天堂牵手相伴，忘记昔日的烦恼与忧愁。安静地欣赏着此景，看海中时不时跳跃的鱼儿，便觉得人生不必有太多追求，恬淡地享受这美妙的风景便已足矣。

醉美风景

黑珍珠博物馆
黑珍珠博物馆是世界上唯一一座收藏黑珍珠的博物馆。据说在古希腊时期，大溪地的居民就开始了他们的采珠生涯，因为这里盛产黑珍珠，当地还流传着一个美丽的传说：月亮的甘露坠落人间时不小心落入黑蝶贝中，黑蝶贝

长期吸取日月之精华，海洋之精髓，便孕育成了奇特的黑珍珠。当地人认为这就是黑珍珠呈水滴形的缘由。在黑珍珠馆你可以了解到大溪地黑珍珠源远流长的发展历史，不同时期的珍珠有着不同的魅力，每一颗珍珠都有属于自己的故事，每一颗珍珠都有自己独特的魅力。

茉莉亚岛
茉莉亚岛被誉为"魔幻之岛"，是大溪地岛的姐妹岛。阳光偏爱这座迷人的美丽小岛，在雪白如糖的细沙的映衬下，大海就像美丽的姑娘，清冽纯情得令人窒息。波澜不惊的海面，那种通透的、彻底的、忘我的蓝绿色，犹如梦幻的水晶，透明得惊人。

TIPS

❶ 黑珍珠博物馆里所展示的珍珠都非常昂贵，是不允许触摸的。

❷ 茉莉亚岛沙滩虽然比较细腻，但是也有一些被冲到海滩上的贝壳和珊瑚，因此最好穿拖鞋，以免脚被划伤。

关键词：视觉盛宴
国别：澳大利亚
位置：澳洲东北部沿海地区

大堡礁

★★★★★★★★★ 与野生动物合影 ★★★★★★★★★

　　澳大利亚是上帝的宠儿，大堡礁则是镶嵌在这个宠儿身上的最耀眼的一颗明珠。银色细腻的沙滩，碧蓝清澈的海水，自在畅游的海底动物，这一切美景，尽在大堡礁。

　　世界上存在许多如天堂般的美景，每一处美景都是上帝的馈赠，而追寻美景便是我们的使命，恰好澳大利亚的大堡礁便是一个不可多得的仙境。这个位于澳洲东北部沿海地区的自然景观，是澳大利亚人心目中最引以为傲的地方，不仅因为这里有世界上最大、最长的珊瑚礁群，还因为这里是每一个澳大利亚人放松、陶冶情操的绝佳去处。大堡礁是正在消失的伊甸园，而我们就更应该加快脚步，去一览这令人遐想的自然美景，去一探这海底世界的真正秘密。

　　与其漫步在大堡礁的银色海滩上，还不如进入海底世界，与大堡礁来一次亲密接触。如果来到了大堡礁，没有去潜水，那绝对是一种遗憾。因为与海底生物进行了一次近距离的接触，这种感官享受是别处体验不到的。

　　一切准备就绪，在潜水导师的带领下，才能真正地踏进这片神秘的领土。刚进入海底时，还不算彻底地进入大堡礁的范围之内，但是可以看见远处的珊瑚群在海底中簇拥

🔲 海底的珊瑚千姿百态，绚丽多彩，蔚为壮观

如花，它们就像是海底巨大的宝石，散发出璀璨夺目的光芒。当慢慢地靠近大堡礁之后，你不得不被它的美景震撼。五彩斑斓的珊瑚在海水中舞动着自己曼妙的身躯，一张一合地自然呼吸，还有各种珍奇的鱼儿徜徉在珊瑚群中，偶尔探出头，一窥珊瑚外的究竟。

　　此时便只想静静地欣赏着海底的奇特与壮观，但是不经意间，鱼群已经环绕在周围，

■ 潜到海底能看到不同的珍稀动物，让人大饱眼福

就像是美人鱼一般被它们簇拥着，鱼儿的颜色五彩缤纷，它们热情地拥抱你，亲吻你，每一次与它们的亲密接触，都是这次旅行中弥足珍贵的记忆。海底世界的奇特令人惊叹不已，便只想时间在此刻停顿，将唯美珊瑚、可爱调皮的鱼群定格在这一瞬间；便只想自己也是一只自由自在的鱼儿，可以自在地遨游在这海底世界，与它们为伴，与这珊瑚宝藏来一次最为亲密的接触。让人忘记尘世的烦恼与忧伤，只为美景而活，让这份纯粹、干净占据所有。

大堡礁的魅力不言而喻，海底世界的野生动物更是让人魂牵梦绕，大堡礁的绝妙之旅，最终就会以人与动物之间的合影画上圆满的句号。这次潜水之旅，便是人生的一次全新体验，让人就此徜徉在这深蓝色的世界，充分地享受这次的蓝色梦幻之旅，让蓝色壮观的视觉盛宴成为人生中最深刻的一幕。

醉美风景

凯恩斯

凯恩斯是昆士兰州北部的主要城市，它地处热带，风景优美，到处都是热带风情的海岛、珊瑚礁、雨林等，置身于这个城市，就仿佛来到了世外桃源一般。这是一座繁华的都市，无论是自然美景，还是人文文化，都是值得一看的。凯恩斯提供各种各样的户外运动，钓鱼、骑马这些运动备受旅客们欢迎，这个被棕榈树环绕的热带城市，到处都散发着一种青春活力。

道格拉斯港

道格拉斯港是澳大利亚的一个最为神奇的地方。在这里，你不仅可以看到雨林的风貌，也能看见广阔的荒原，还有湛蓝的海洋，这里是各种奇特景观的集结地。这里有大气的高尔夫球场、霸气的豪华游轮和雨林餐厅，这种自然与现代相结合的景色，令人叹为观止。每年都有大量的游客来到道格拉斯港，一睹它迷人的风采。

TIPS

❶ 凯恩斯户外运动种类丰富，大家要确保自己的人身安全。

❷ 道格拉斯港是购物者的天堂，价格也很便宜。

关键词：海岛风情、水上乐园
国别：泰国
位置：普吉岛东南部

皮皮岛

★★★★★★★★ 超划算的水上乐园 ★★★★★★★★

　　宽阔美丽的海滩，洁白无瑕的沙子，碧绿翡翠的海水，皮皮岛就是泰国一颗闪闪发光的明珠。尽情徜徉在这碧海蓝天之中，惬意、舒适地享受这里的海岛风情吧。

▣ 黛翠山岩形态奇特，海水清澈湛蓝，风光旖旎

　　踏上泰国皮皮岛的那一刻，一种热辣的热带风情就迎面扑来。走在细腻柔软的沙滩上，能看到海岸两边挺拔翠绿的椰子树，还有一个个曼妙的少女，仿佛置身于人间天堂，让我们尽情地享受这海岛的迷人风采吧。

▶ 与鱼同乐的漂亮女孩

皮皮岛作为泰国的国家公园，一年四季都是阳光的宠儿，它凭借着鬼斧神工的洞穴和零污染的自然环境，备受世界各国旅游者的青睐。安静地在这个小岛待几天，拉一把躺椅在这洁白的沙滩上来一次日光浴，读几篇优美的散文，饮一口热带风味的饮料，好好地享受一番皮皮岛的浪漫风情。

当然，来到了皮皮岛就一定要进行一系列的海上运动，否则旅行就算不上圆满。这里有世界著名的水上乐园，是水上运动者的天堂。无论是想在海水中深潜一整天，看尽这里的热带鱼类和神秘的珊瑚礁；还是想要浮潜、半浮潜在海面之上，俯瞰着海底世界的热闹与纷繁都是非常好的选择。

尽管皮皮岛与泰国的其他海岛相比，消费略高，但是在享受美景的同时，它让人觉得每一分钱花得恰到好处。这就是皮皮岛的魅力所在，它让每一个来此游玩的人都可以带着自在、舒畅离开。

这里有独木舟、风浪板、香蕉船，无论是想安静地漂浮在海面欣赏温柔清新的美景；还是想挑战自我，与海浪来一场较量，皮皮岛都可以满足。这里的水上水下运动之多，绝对会让人手舞足蹈，无暇休息。来皮皮岛潜水，一定要趁落日时分，这个时候的皮皮岛已然笼罩了一片金黄色之中，海水有了些许凉意，夕阳的火红将碧蓝的海水也染成了一片粉红色，此时，浮潜在海水之下，那

■ 玛雅湾——一个深受阳光眷顾的地方

■ 鬼斧神工的天然洞穴——维京洞穴

些可爱、颜色丰富的鱼儿都披上了一层粉红色的外衣，似梦境一般唯美动人。可以借机毫无顾忌地与它们来一次亲密接触。此时的海底世界已然是另一番情景，鱼儿开始簇拥在一起，有的调皮地吹着气泡，有的则不断摆动它们曼妙的身姿，每一个动作都在欢迎人们的到来。时间慢慢过去，原本的浅粉色渐渐褪去，取而代之的是神秘的紫色，此时的海底已经全部笼罩在迷雾的紫色之中，朦胧却唯美。尽情地徜徉在这神秘的海底世界中，去享受这海水的清凉、鱼儿的热情和珊瑚的神秘吧。

　　皮皮岛上的每一项运动都会给人带来惊艳，无论是安静地看着那平静的碧蓝海面，还是充满激情地去探索海底的精彩世界，都会被它的美妙与浪漫所折服，在这么一个动静可以完美结合的地方，一定会有一次终生难忘的记忆。

醉美风景

玛雅湾

玛雅湾位于皮皮岛的西南部，三面环山，最让人惊喜的是它雪白的沙滩。玛雅湾四周有上百米的绝壁，气势非凡，它就像是一只巨大的手，每时每刻都在保护着玛雅湾。这里海水碧蓝，周边点缀着精巧的椰子树，有一种无以名状的热带海岛风情。玛雅湾就是一个难以解开的谜，时时刻刻散发着神秘的气息，这也是世界游客慕名而来的原因。

维京洞穴

皮皮岛上有几个巨大的石灰岩洞穴，泰国政府为了保护皮皮岛上的生态环境，目前就只有维京洞穴可以供游客们参观。洞内栖息着很多海燕，所以这里也被称为"燕窝洞"。维京洞穴的壁上刻有许多史前人类、大象、船只的壁画，令人感受到一种肃穆与庄重。

TIPS

❶ 玛雅湾的海滩上混杂了一些珊瑚和贝壳，最好穿上软底拖鞋，以免被划破。

❷ 维京洞穴距离皮皮岛有一定的距离，可以拼船出发，以节省开支。

关键词：美妙、奇特
国别：美国
位置：塞班岛西侧中部外海

军舰岛

★★★★★★★★ 到处都是潜水点 ★★★★★★★★

这里植被茂密，有参天古树；这里海天一色，沙质细腻；这里是海岛天堂。这里就是塞班的军舰岛，一个历史气息浓厚又美不胜收的风水宝地。

🔲 海水经过阳光折射，变幻着奇幻的色彩

来到了塞班，就一定要去军舰岛看看，在这个美得大气却也小得任性的军舰岛上走一圈只要 15 分钟的时间，仿佛还没有到终点，就已经回到了起点一般。军舰岛最为特别的是一边是白色细腻的沙滩，另一边却是壮美的高崖。当年第二次世界大战时期留下的炮点以及战争的痕迹更是让军舰岛与众不同，四处散发出一种怀旧的气息。

军舰岛是一个潜水胜地，如果来军舰岛却没有到海底世界走一圈，那这趟塞班之旅绝对是令人遗憾的。这里四处是潜水点，无论是深潜还是浮潜，军舰岛都可以满足你。这里最特别的就是只要把头放进了海水里，就可以看见各式各样的鱼类，海底的美景绝对会让你震惊。

在军舰岛做得最美妙的一件事，就是在这五色海中来一场潜水活动，当然，一定要选对时机前去。上午的时候，阳光强烈，军舰岛上的一切都晶莹剔透，美丽无比的五色海就是在这个时候形成的，当一切准备就绪，便可深入海底一探这海底世界的美妙。五彩斑斓的热带鱼就像是守护者，成群结队地围在人类身边，想要和人类交朋友。在这里可以欣赏到五颜六色的蝶鱼、可爱动人的粗皮鲷等极为珍贵的鱼类，它们都无忧无虑地遨游在这碧蓝的海水之中，美丽动人。

军舰岛的大部分潜水点不是很深，不管是"菜鸟级"的潜水者还是资深的潜水人员，在这里，都可以找到适合自己的潜水点，一

🔸 踩着细腻柔软的沙滩，拥抱大海

览这海底世界的奇妙与美丽。不仅如此，军舰岛的特别之处还在于它不是宁静的世外桃源，而是一个热情、富有活力的入世海岛。在这里，可以感受到海岛每一处的热情，当漫步在海底世界时，看那柔软的珊瑚在眼前轻轻摆动身姿，甚至会让人情不自禁地将它拥入怀中，在五色海水之中，享受到的不仅是潜水的快乐，更能看到生命的奇特。这热闹的海底世界就是一个大家庭，它们的热情充斥了军舰岛的每一处，在这里，人们的心也是为之颤动的。

都说"塞班归来不看海"，以前从不觉得它如此奇特，只有亲身体会过这其中的美妙，才会觉得这话说得不无道理。可能再也找不到哪个海岛能在太阳光芒的折射下变为五色海，可能再也没有哪个海岛四处都是潜水点。只要愿意潜水，随时随地都能欣赏到海底的美丽风景。这一切的美妙与奇特，也只有军舰岛可以给予，在这热辣似火的海岛，来一场绝妙奇特之旅吧。

醉美风景

蓝洞

蓝洞位于塞班岛的东北角，是与太平洋相连的天然洞穴，它是世界上排名第二的天然洞穴潜水点。蓝洞外观看起来像张开嘴的海豚，内部却是一个巨大的钟乳洞。由于岩石阴影的投射吸引了许多水下生物，这里有各种各样的热带鱼、海龟等，毫不夸张地说，这里甚至比海底世界还要丰富多彩。蓝洞里面还有两个天然的游泳场，通过海底通道连接外部海洋，美妙绝伦。

塔帕丘山

塔帕丘山海拔为473米，是塞班岛最高的地方。站在塔帕丘山的山顶，可以360°俯瞰整个塞班岛和巨大的耶稣像。在塔帕丘山的旁边，就是世界上最深的马里亚纳海沟，所以从某种意义上来说，塔帕丘山算得上世界上最高的山。站在塔帕丘山才会发现，原来大海是那么五彩缤纷、颜色多样。从这里看塞班岛，体会到的又是另一种绝妙的美，这种美，甚至让人窒息。

TIPS

❶ 受海潮的影响，蓝洞有时会风平浪静，有时也会波涛汹涌，潜水的时候要注意安全。
❷ 塔帕丘山虽然海拔不高，但是路途较为崎岖，建议穿舒适的鞋登山。

关键词：人间天堂、奇妙之旅
国别：斐济共和国
位置：南太平洋中心

斐济

★★★★★★★★★ 在水族馆中坠落 ★★★★★★★★★

斐济岛就是一颗镶嵌在南太平洋上的珍珠，跨越赤道，轻触天堂，只愿时光停留，在这般碧海蓝天的世界，享受一次非比寻常的人生之旅。

▪ 在沙滩上可以尽情地亲近自然，浸泡海水，欣赏落日余晖，忘却工作压力，寻求内心的平静

普通的大海都是蓝色的，但是斐济岛却是彩色的，因为这里有无数条奇形怪状、五彩斑斓的海鱼在水里畅游，将原本湛蓝色的海水搅动成了五彩缤纷的颜色。当然，这也让原本风景秀美的斐济岛更

摇身一变，成了人间的天堂。

只有亲身经历过，才能体会到这天堂般的美景原来是这般动人。这里岛屿众多，但是每一个都很精致，鱼儿一个个像是被宠坏了的小孩，在珊瑚群周围嬉戏打闹，

好不欢快。斐济岛跨越赤道和南回归线，所以这里的天空格外的明朗，仿佛只要伸手一探，就能触碰到那缱绻的云朵与那湛蓝的天空。

斐济岛不同于其他热带风情的岛屿，与其说它是一座岛屿，还不如说它是一座庄园更加贴切。走在洁白的沙滩之上，穿梭在扶桑花丛中，享受海风带来的丝丝清凉，到处都洋溢着热带海洋的原始美感，这里有最淳朴的生活，有最纯净的自然环境。斐济岛有一种脱离俗世的美，看到这种种的美景，总会有一种"此景只应天上有"的错觉。

来到斐济岛，就一定要去欣赏一下这里海底世界的纷繁与美丽，与那些热带鱼儿来一次亲密接触，去感受一下五彩缤纷的珊瑚的独特美感。整个斐济岛的海底世界就像是一个巨型的水族馆，里面有各种珍奇的鱼类和动人心魄的珊瑚，尽情地徜徉在这神奇的水族馆中，体会海底世界的非同寻常吧。

日出、日落时分的斐济岛更加魅力四射，天空已经覆盖了一层淡紫色，海水也由原来的五彩缤纷变成了金黄色，整个斐济岛此时就像披上了一层朦胧的面纱。此时的海底世界又是另一番情景：多彩多姿的珊瑚也染上了一层梦幻般的淡紫色，迷人的光在鱼儿的身上折射出一道又一道似有似无的光芒。仿佛此时所见到的这些生物，都只不过是臆想出来的一般，似乎只要轻轻一触，它们就会消失得无影无踪。

斐济岛是一个蜜月天堂，每年来这里度蜜月的情侣不计其数，这里也是人间天堂，是享受美景的好去处。躺在洁白的沙滩上，浓郁的椰子树带来丝丝清凉，吹着海风，享受着日光，只管在这远离尘世喧嚣的地方尽情地享受落日的余晖、海底的美景，跳一支

■ 沙巴马尼亚湿婆庙表现了斐济人民的智慧

■ 潜水的游客正在观赏狮子鱼

舞，过着自由自在如神仙般的生活。斐济岛总是带给人们无比的惊喜与惊艳，这片空明纯净的蓝色成为人们永远的追寻。在斐济岛，抛除杂念，只为享受这美景，坠落在海底的水族馆中，感受这海底世界的神奇与独特吧。

■ 色彩斑斓的鱼儿将海水搅得五彩缤纷，这里到处都充满了热带海洋的原始美感

醉美风景

沙巴马尼亚湿婆庙

沙巴马尼亚湿婆庙是斐济最大的印度神庙，这座神庙坐落于斐济的第二大岛——南迪岛之上。这座神庙展现了斐济闻名于世的独特岛国文化，是传统的太平洋岛国的一个缩影。这座神庙在一定程度上也体现出了斐济人民的智慧，它的建筑风格较为奇特，体现了斐济古代庙宇建筑的多样性与复杂性。

珊瑚海岸

珊瑚海岸实际上是一条长约 80 千米的海岸公路，沿途风景优美，白沙遍布，海水湛蓝，珊瑚群隐约可见，周边还有许多高档的餐厅，可以一边享受美食，一边观赏迷人的风景。在这里，还可以欣赏到斐济岛的传统文化技艺。在内陆可以欣赏到热带雨林和壮观的瀑布，在海边则可以进行各种各样的水上运动，如骑马、打高尔夫球等。

TIPS

❶ 沙巴马尼亚湿婆庙是一座印度神庙，在观光之前可以先了解一下印度的历史。

❷ 珊瑚海岸风景优美，如果想与美景近距离接触，可以选择徒步。

关键词：清沙幻影、黑夜潜游
国别：马尔代夫共和国
位置：南亚印度洋

马尔代夫

★★★★★★★ 黑夜潜游 ★★★★★★★

椰树飘曳，清沙幻影，碧海蓝天，这里的每一寸风景都是上帝的恩赐，这里有明媚热辣的阳光，这里有五彩斑斓的珊瑚和热带鱼，这里有着远离尘世的安谧与宁静。

踏进马尔代夫的一刹那，一种热带海岛的风情扑面而来，看缱绻的云朵在湛蓝的天空中勾勒出一道又一道唯美的弧线，也许会让人情不自禁地感叹：此情此景，只应天上有。马尔代夫有一百多个小岛，它们一个个就像是镶嵌在海面的璀璨珍珠，晶莹剔透，深蓝如梦，浅绿似幻。在这天光云影中徘徊，让那温柔迷人的蓝色拂过面颊，愿时间就此静止，只需安静地享受这般美好。

🔺 在海滩上喝杯咖啡是一种不错的选择

浅绿色的海水包围着白色的沙滩，就像是玛瑙中裹着一颗颗钻石，散发着摄人心魄的迷人光芒。漫步在这温柔的沙滩之上，任凭突如其来的海水拍打着脚丫，清爽温凉，沁人心脾。当然，来到马尔代夫，欣赏这番美景，徜徉在这碧波之中是远远不够的，还需要来一场深海潜水，为马尔代夫之旅带来一些刺激与美妙。

在马尔代夫潜水，绝对是一种与众不同的感受，因为与其他的海岛不一样的是，马尔代夫的海底世界，更适合黑夜潜水，在黑夜里看到的美景绝对让你瞠目结舌。一眼望去，看一座座矗立在碧海之中的海屋，还有那一直延伸到远方的海面小道，漫步在海中央，走走停停，沐浴着马尔代夫金黄色的阳光和沁人心脾的海风，只需要跟着自己的心走，一切就变得美不可言。

在这样的美景中，迎来马尔代夫的唯美日落，看那夕阳的余晖洒在洁白的沙滩上，使原本纯净无瑕的海滩更加的炫彩夺目，要开始为接下来的夜潜马尔代夫做准备了。一切准备就绪之后，便要开始踏入这梦幻的海底中，一睹黑夜马尔代夫的海底景色。

进入海中的那一刻，已经无法用言语来形容这海底世界的奇妙了，虽然空中已经是繁星点点，但是海底世界依旧如白昼般热闹，应该说比白昼还要热闹。那形形色色的鱼类在水中舞蹈，珊瑚在它们的照耀下若即若离，散发着浅粉色和淡紫色的光芒，让人深陷在一片奇幻美妙的世界中。这里的鱼儿用它们五颜六色的外表与热情欢迎你的到来。是的，黑夜潜水绝对是另一番趣味，甚至无法想象这世界上居然还有这样奇特的热带鱼。它们就像是一个个散发光芒的天使，在海底世界尽情地畅游，为马尔代夫增添了别样的色彩。

马尔代夫，有不一样的潜水之旅，有不一样的美妙人生，在这里，甚至不必深究自己来自何处，只需安静地享受这般美景，在这美如天堂的世间沉沦，只想时间在这一刻成为永恒，让人甘愿作为这一切美妙风景的守护者，不离不弃，生死相依。

■ 拉薇亚妮环礁，一个梦幻的存在

■ 神奇的海底世界总是吸引着来自世界各地的潜水爱好者

醉美风景

拉薇亚妮环礁

拉薇亚妮是马尔代夫北部的环礁，以渔业为主要产业，岛上还有很多度假村。在这里可以享受到马尔代夫这个国度的别样风情，这里用珊瑚和珍珠制成的手工艺品享誉世界。除此之外，珊瑚研制成的药品也成了这里的一大特色。这里人口密集，但是他们依旧纯朴好客，无论景色还是人文风情都会让人感到不虚此行。

马累

马累位于印度洋马尔代夫群岛中部的马累岛上，是马尔代夫的首都和第一大海港。马累环境优美宁静，所有的大街小巷都铺着一层洁白细腻的珊瑚沙，行走在上面，无比惬意。除此之外，这里还有众多的历史古迹，在这里可以了解到马尔代夫的历史，"星期五回教堂"是马累最美的回教堂。这里的贝壳制品和手工艺制品更是唯美精致，让人爱不释手。在这里，除了可以享受优美的海滩、和煦的海风，还可以享受马尔代夫的别样繁华。

TIPS

❶ 拉薇亚妮环礁渔业非常发达，条件允许的话可以跟出海的渔民一起进行捕鱼活动。

❷ 马累的贝壳制品既新颖又特别，价格也非常合理，可以买一些留作纪念。

■ 灯火辉煌的马累

关键词：人间乐园
国别：马来西亚
位置：婆罗洲北部

沙巴

★★★★★★★★★ 寻找小丑鱼 ★★★★★★★★★

面朝大海，春暖花开，沙巴是马来西亚的一个乐园。徜徉在这碧海蓝天之中，热带风情四溢，看椰树摇曳，潮涨潮落。

■ 令人惊叹的白色建筑物造型的水上清真寺，与蓝天完美地连成一体

沙巴是马来西亚最璀璨的一颗明珠，对于崇拜大自然的人们来说，这里是最令人心动的所在。看碧海与蓝天交相映衬，晶莹剔透的海水就像是一个勾人魂魄的蓝宝石，色质纯正，饱满润滑。

走在沙巴的海中木道上，两侧的海中小屋点缀在这碧绿的海洋之中，为原本平静安谧的海洋增添了些许活力。漫步在马来西亚风情的海岛之上，享受热浪来袭的震撼，细细体会沙滩的柔软，还有海中小屋的恬静与淡然。看自由自在的水草在碧绿的海水之中舞动着纤细的身躯，浮光掠影，妩媚动人。

■ 在卡帕莱岛，无论面向任何角度，展现在眼前的都是浩瀚壮观、令人屏息的西里伯斯海海景

来沙巴最曼妙的是在日落时分，躺在树床上，任由夕阳的余晖洒在身上，畅然地享受这般美景。

当然，来到了沙巴就一定要走进海底世界去探索一下它的奥秘，与神秘而美好的沙巴来一场完美的邂逅，让沙巴之旅成为人生阅历中最美的篇章。是否还记得曾经海底世界的那对小丑鱼父子？是否还记得充满父爱的"马林"和变得坚强懂事的儿子"尼莫"？让我们一起走进海底世界，去寻找我们记忆中的小丑鱼。海底是一个截然不同的世界，它看似宁静，却更加活力四射；它没有沙滩的洁白无瑕，而是五光十色的另一个世界。海底的世界是彩色的，无论是五彩斑斓的珊瑚，还是各种各样的热带鱼，每一种动物和植物都让人应接不暇，眼花缭乱。最拨动人心弦的事情就是与这些神奇、美丽、诱人的动物们来一场完美约会，来一次亲密接触。

无忧无虑、自由自在地徜徉在这海底世界中，那些调皮可爱的热带鱼用它们最大的热情欢迎人们的到来。看神秘的大海龟游走其间，看奇妙的珊瑚簇拥成群，绽放成一朵美丽的花。让人甘愿成为它们中的一员，忘记一切烦忧，只愿融入这纯净无比的海洋之中，自由自在地在海底遨游。

沙巴是这纷繁世界中的一片净土，是人人向往与追寻的乐园。泛一叶小舟，任凭这

■ 每天清晨，"以海为家"的巴瑶族人开始捕鱼，孩子们则在小船周围的海里潜水，游玩

小舟在这海面上漂流；或者拿一杯香槟，坐在这洁白的沙滩之上，哪怕是天荒地老，也觉得是另一种安逸与美好。一起踏进这美好宁静的热带乐园，去深刻地体会一番乐园的海岛风情与民风质朴，一起去寻找"尼莫"的世界，在这片净土上享受人生的美妙与自在。

醉美风景

京那巴鲁公园

京那巴鲁公园是沙巴的名胜之一，被称为"神仙公园"。公园内的生态保护得特别好，从热带植物到寒带植物都有。很多大自然的爱好者慕名前来，欣赏和研究这里种类繁多的自然资源。公园内的京那巴鲁山是东南亚海拔最高的山峰，也是沙巴州的骄傲。夏天，这里是避暑胜地，冬天，这里是享受温泉的胜地，这里的每一个季节都值得到访。

水上清真寺

在里卡士湾畔，矗立着哥达京那巴鲁市立清真寺，是马来西亚最壮观的清真寺之一。哥达京那巴鲁市立清真寺建在里卡士湾的一个人造湖上，远远看去像是浮于湖面建造的一样，正因如此很多人还称它为"水上清真寺"。雪白的哥达京那巴鲁市立清真寺和幽蓝的天空融合在一起，呈现出让人惊叹的美。这座寺庙的占地面积非常大，也吸引了很多教徒前来祈福，最多的情况下可以容纳 12000 名教徒同时在寺庙中祈祷。

TIPS

❶ 上山时带好雨衣、手电筒、手套、手杖等用具。另外山上的水资源并不丰富，要准备好充足的水。

❷ 非伊斯兰教徒也可以进入清真寺内参观，但是着装应得体大方，举止稳重，进入某些室内场所需要脱鞋。

关键词：古色古香、梦幻
国别：菲律宾
位置：维萨亚斯群岛的中心

宿雾

★★★★★★★★ 悬崖边上的珊瑚 ★★★★★★★★

　　古韵风情，现代活力，水清沙幼，风采奕奕。它是潜水爱好者们永恒的向往，它是度假伊甸园，它是每个人心目中的维纳斯，它就是宿雾，一个岛如其名的梦幻海岛，一个梦中天堂。

🔲 深入海底观赏鲸鱼是潜水者的乐趣之一

　　宿雾是个神奇的海岛，这里全年气候宜人，是贪图阳光的人度假的绝妙之地。在这个美丽神秘的小岛之上，沉浸在这醉人的风景之中，看缱绻的白云懒散地在天空中飘过，洁白的沙滩上尽是欢声笑语，沉浸在这幸福的时光里，沐浴着阳光，啜一口热带饮料或者是香槟，这般惬意，无可比拟。

　　来到这座"南方皇后市"，在这般梦幻的海岛之上必须来一场永生难忘的潜水，让这次的旅行成为人生中最美妙、最奇特的回忆。宿雾的深海潜水与其他的海岛是截然不同的，也许在其他的海底世界，你能看到各种珍稀美丽的动物，但是宿雾与其他地方的最大差别是这里有迷人的海沟，独特之处在于海岸30米以外会突然垂直下降150米，而海底落差为海洋带来丰富的深海鱼种，当地人赋予了这神奇的地方一个美丽的名字："玫瑰大峡谷"。徜徉在这迷人的海沟之中，看垂直的岩壁坚定不移地矗立着，血色的珊瑚在悬崖边上盛情地绽放，这种壮观的景象，也只有在宿雾的海底才可以见到。

　　这里的鱼类之多，远远超乎想象，看各种各样的热带海鱼在脚底游来游去，它们会时不时地亲吻人类的脚掌，环绕在人类的周围，与人类来一场唯美的邂逅。鱼类的颜色更是让人眼花缭乱，沉浸在这五光十色之中，尽情地享受这海底世界的美妙与刺激。珊瑚

■ 小船载着梦想驶向远方

沿着海沟的断层极力地向上生长着，它们犹如一朵朵铿锵玫瑰，艳丽无比。

　　这非比寻常的海底世界是不是已经让人瞠目结舌？是不是这海底世界的奇特与美妙已经让人踟蹰不前？是不是就想化身为一条小鱼，悠闲地在这碧蓝的海水中享受着自己美妙的人生？或走或停，或欢快或温婉，一切都只遵从心的方向。是的，宿雾的非比寻常不仅是看在眼中，更是体会在心里。在这个梦幻般的天堂，只愿倾尽所有，用最美好的自己来善待这如梦般的景色，只愿不辜负这美好，留住那些人生中最难得的记忆。

　　如果有机会，一定要去一次宿雾，在梦幻般的世界里演绎属于自己的别样人生。如果有机会，一定要去宿雾的海底世界看一看，看看那畅然而下的海沟，看看那火红浪漫如玫瑰般的珊瑚，看看那神奇丰富的热带鱼，这一切的海底美景会让人忘记时间，只想静静地将这一切的风景安静地拥入怀中，就此长眠。

醉美风景

日落大道

日落大道也就是罗哈斯海滨大道，是马尼拉最美的景点，全长 10 千米，它的特殊之处就是将黎刹公园、西班牙王城、菲律宾文化中心等著名景点串联在了一起。这里也是豪华酒店的集结之处，美国大使馆和以前的中国大使馆就在这条大道上。日落大道正对马尼拉湾，正是观赏夜景最好的地方，这里不仅受到了外国游客的青睐，而且就连当地人也会在闲暇之余来这里散步。傍晚时分，这条大道就会热闹非凡。整个菲律宾的日落景观在这条大道上都可以一览无余，日落后的日落大道更是魅力四射，霓虹闪烁，人们肆无忌惮地翩翩起舞，这些对音乐的热情燃烧了菲律宾的每一个角落，它是一个令人神往的好去处。

长滩岛

长滩岛位于菲律宾中部，班乃岛的西北端，其形状如同一个哑铃。整座岛不过 7 千米长，却有一片长达 4 千米的白色沙滩，被誉为"世界上最细的沙滩"。洁白的沙滩、碧蓝的海水、和煦的阳光让长滩岛成了度假胜地，来自世界各地的游人在海滩边消磨一个又一个漫漫长日。岛的北部和南部那些海拔不过百米的小山上蜿蜒的小路穿过雨林，连接起座座村庄，是轻松而不失趣味的徒步路线。

TIPS

❶ 日落大道在傍晚时人流量非常大，注意安全，保管好自己的财物。
❷ 长滩岛的沙滩虽然细腻柔软，但是行走时要小心，以免被冲到岸边的贝壳划伤。

■ 粉红色的珊瑚礁像盛开的花朵一样，光彩夺目

关键词：最佳潜水点
国别：印度尼西亚
位置：北苏拉威西和蓝壁岛之间

蓝壁海峡

★★★★★★★★ 全球最佳潜水点 ★★★★★★★★

混沌朦胧，椰树成林，沙滩小屋悄然地俯身于洁白细腻的沙滩。看空中云卷云舒，海面波澜不惊。让我们一起走进蓝壁海峡，寻找最佳的潜水点；一起跃入海中，窥探梦一般的世界。

◼ 蓝壁的海里隐藏着无数美丽、怪诞、神秘的小生命们演绎的多姿多彩的水下故事

蓝壁海峡这个悠长的海面，时时刻刻散发出最迷人的光芒。因为蓝壁岛的阻挡使得蓝壁海峡的海面终年都是风平浪静，波澜不惊。在这里，可以享受大海的温柔与细腻，看微波划过海面，荡开一缕缕细腻的波浪。蓝壁海峡凭借着它独特的地理位置，成为全球最佳的潜水点，不仅是因为这里独特的火山岩地形，更是因为这里的物种极其丰富，在任何地方进行潜水，都能欣赏到蓝壁海峡的绝美风景。

蓝壁海峡最令人心动的一点就是有日潜和夜潜，两个时间段看到的蓝壁海峡是截然不同的，一个充满青春活力，一个安然恬静，两个潜水时段都可以带来感官上的绝妙享受。从日潜码头走进蓝壁海峡，享受白天的蓝壁海峡带来的快感。从这里，可以看到各种鱼群，码头右侧有大嘴鲣鱼群，来回吞食浮游生物；这是录影和广角摄影的好位置；而右岸有一大片珊瑚斜坡地，有丰富的热带鱼。白天每一处的蓝壁海峡都是活力四射的，让人目不暇接，你唯一能做的就是不停地按下相机的快门，将这一切都定格在这一瞬间，让它成为人生中最弥足珍贵的回忆。

再来看看夜潜的码头，能见度非常低，只能依稀地看见桥柱上粉红色、黄色和白色参差交错的大海扇，紫色的千手海葵给人一种梦幻迷离的错觉。海底还有一个浮潜洞，在洞中你可以窥探到许多神秘的小鱼类，看它们调皮地模仿其他的鱼类。蓝壁海峡的整个夜潜过程都充满了神秘感，令人禁不住想回眸多看几眼，哪怕是一直沉浸在这梦幻的世界之中，也觉得是一种满足。

蓝壁海峡的每一次潜水都能给人带来不一样的惊喜，海底世界的独特火山岩泥沙、灰白色的沉淀，在这海底之中给人一种柔软细腻的感觉。看泥沙上留下的一道道岁月的痕迹，平坦却并不单调，让人禁不住想要去抚摸它。也正是因为海底独特的火山岩泥沙，才成就了蓝壁海峡独特的一面，这里的物种比任何一个海底世界都要丰富。火山岩泥沙内在的营养物质孕育了大量的生命，这里是每一个生物的温床，是它们温柔的故乡。走进蓝壁海峡，欣赏这里的火山地形风貌，看千奇百怪的鱼儿和珊瑚在它们生活的世界里自由自在地徜徉，享受这美妙的世界。人们

只需安静地欣赏这海底的一切美景，淡然地享受这般神秘与美妙，渐渐地融入其中，将这一切的美妙都刻于心间，让以后的日子，回味时觉得甘甜。

醉美风景

天使之窗
天使之窗是一处让人非常震撼的潜点。海中突起的礁石，有 1075 米深，礁石上布满缤纷的珊瑚。15 米处有一个洞穴可穿越，不需探照灯，洞穴内鱼类丰富，景观令人流连忘返。洞外沙地上有许多难得一见的小东西，如模仿章鱼、行路花枝、海葵虾等。在礁石顶端有一群蝴蝶鱼在觅食礁岩上的藻类，而下方则有一对白色叶鱼优雅地在软珊瑚末梢歇息。这里的每一处风景都美不胜收，在这里潜水能享受到极大的快乐。

达拉湾
达拉湾是一个性价比极高的潜水地，以其便利性和丰富性著称。4 个小岛间的船程都只需几十分钟，而且每个岛的潜点难度不一，主题各不相同。这里拥有堪比斯巴丹的海浪风暴；堪比蓝壁海峡的微观世界；堪比马尔代夫的魔鬼鱼巡游；堪比巴厘岛的海豚嬉戏；堪比帕劳的神秘水母和珊瑚美景。在印尼的达拉湾，绝对会有各种奇遇，这里的海底世界的丰富程度绝对会让人瞠目结舌。

TIPS

❶ 天使之窗的洞穴虽然不是很深，但是大家在潜水时要格外留神，以免发生意外。

❷ 达拉湾的潜点非常多，但是风暴也非常大，潜水时一定要避开风暴期。

🔲 如果不去潜水，坐在棕榈树下的沙滩上晒太阳也是一件乐事

关键词：活力四射、火红艳丽
国别：埃及、沙特阿拉伯、苏丹等
位置：阿拉伯半岛与非洲大陆之间

红海

★★★★★★★★★ 年轻而热情的海洋 ★★★★★★★★★

　　说到红海，脑海里一闪而过的就是那色彩鲜艳的贝壳。这里的海水火红，洋溢着青春的激情，看赤红的海藻在海水中尽情地摇曳舞动，使得整个红海光彩亮丽，炫目夺人。

▪ 潜水者正在探索神奇的水下世界

　　狭长的红海就像是横亘在阿拉伯半岛与非洲大陆间的一条海沟，使这两个地区遥遥相望。走近红海，看到这年轻并富有活力的景色，感觉整个心都已经被它融化。这里特有的沙漠般的沙滩上有序地分布着许多蘑菇小屋，可以安逸地躺在长椅上，享受红海的日光浴。放眼望去，平静的海面的颜色总是会不停地在蓝色与红色之间变换，看那红色的珊瑚与海藻将原本碧蓝的

海水映衬出了火一般的红色，大概这也是红海备受青睐的原因之一吧！

　　这里独有的沙漠气候使得红海不像那些热带海岛一般千篇一律，这里的每一处风景都是专属于红海这个年轻的海洋的。红色的岩壁与红海遥相呼应，漫步在这片热情洋溢的沙滩之上，甚至可以感受到红海火热的海风与其中蕴含的激情，仿佛此时可以完全忘却所有的不开心，整个人都被这种独特的热情所包围，就此升华自己的心境，在这片热情如火的海洋中放飞自己。

　　当然了，红海不仅外表看起来如此富有热情，其实它的内部更加的活力四射、引人注目。来到红海，就一定要去它热情的海底世界去看一看它的与众不同，感受一下这里的每一种生物。潜入海底世界的那一刻，看到的并不是其他海底世界那般的安静惬意，而是一种生命的活力，这里的每一种生物都激情四射，用它们独有的方式在欢迎人们的到来。

■ 穆罕默德角国家公园美妙绝伦的景色

■ 充满生命和色彩的海底世界

珊瑚群簇拥在一起，但是没有一丝的柔弱，它们全部是坚强地生长在这红海世界，用它们的生命来装饰这里的每一寸风景。这里最常见的珊瑚就是火红色，看着它们，整个人都充满了能量。再来看看这独属热带沙漠的鱼，自由地徜徉在海底世界之中，它们有时候会调皮地依着珊瑚，有时候又独立地游到远处。这里的鱼与生俱来就有一层红色的外纱，朦胧别致，如红色的梦一般，让人眼花缭乱。只愿沉浸在红色的世界中，惬意地享受着这独有的热情，仿佛会被这红色感染一样，整个人也会变得热情并充满了活力。

这就是红海与生俱来的魅力，它不与其他的海岛争奇斗艳，只是单纯地做自己，用自己独特的魅力得到世界游客的喜爱。用与众不同的热情与活力感染着来这里的每一个人，让人们深陷这红色的热情之中，无法自拔。红海，一个值得放弃所有，只为一睹它容颜的地方；一个去了之后绝对没有遗憾的好地方。让我们放下所有的矜持，任性地沉浸在这片红色当中，热情、积极地活着。

醉美风景

穆罕默德角国家公园

穆罕默德角是世界上当之无愧的非常好的潜水区域，海底世界蕴藏着丰富的宝藏、美丽绚烂的珊瑚礁群、种类丰富的鱼类和其他海洋生物。这里的物种非常丰富，还有不计其数的热带鱼。穆罕默德角属于埃及的海洋保护区，环境保护得非常好，正因为如此，游客的人数受到了极大的限制。想去游览的朋友一定要提前做好准备，无论是悠然地漫步在沙滩还是直接进行潜水活动，都一定要好好地欣赏属于穆罕默德角的美丽风景。

蓝洞

蓝洞是埃及最著名的潜水地，它嵌入岸边的一处礁石，是一个多洞穴的排水孔，水流径直流入深不可测的深处，这里成了那些喜爱冒险与刺激的人的潜水天堂。海底的世界也极其美丽，即便不愿意冒险去探索海底世界，也完全可以漫步在蓝洞外缘的海滩，在那儿看那深蓝的海面尤其突出，而跳入蓝洞之中，就仿佛是跳伞一般，给人带来刺激。

TIPS

❶ 穆罕默德角地区气温非常高，紫外线也非常强烈，注意做好防晒工作，以免晒伤皮肤。

❷ 蓝洞虽然美丽梦幻，但是在潜水时一定注意人身安全，在安全区域内进行潜水活动。

关键词：艺术品、令人震撼
国别：马来西亚
位置：靠近北西里伯海

诗巴丹

艺术品般的潜水天堂

看那浮在海面的水中小屋，安然静谧；看那缭绕白云似在海平面漂浮一般，梦幻诱人；看那日落渔火神秘别致，扑朔迷离。这种种独特的风景，也只有在独特的诗巴丹才能享受得到。

■ 让海龟带你畅游海底

如果说麦加是朝圣者的归处，那么诗巴丹就是潜水者的天堂，这里一年四季都可以潜水，不用有所顾忌，只要有想要潜水的冲动，就可以付诸行动了。它是北西里伯海的一颗璀璨珍珠，独特的菌菇形状让它在世人的心目中留下了独特的印象。它是激情的火山喷发之后留下的产物，它是一个靠近赤道却依然令人神清气爽的风水宝地。

▫ 对游客来说，无论是蔚蓝海洋还是细白沙滩都同样美丽和充满魅力

关于诗巴丹的赞美真的是太多了，"麦加圣地""神的水族箱""未曾被侵犯过的艺术品"这些评价都是对诗巴丹最大的肯定，它凭借独特的浅滩之后就是毫无缓冲的湛蓝深海成了潜水者心中一个想要征服的梦。

诗巴丹海底世界的特别，远远超乎你的想象，因为它独特的地势，这里的海底生物种类更为丰富，并且独特美丽。刚潜入水中时，或许只是一直在浅滩之中看着簇拥的珊瑚和少量的鱼类，一大群的硬珊瑚礁环绕在诗巴丹岛的周围，但是就在不经意间，可能已经一步踏进了落差有600米的海崖，在这里，你才可以看到真正的诗巴丹海底世界。

诗巴丹的海底世界除了迷人就是震撼，

你可以看见各种奇形怪状的珊瑚、海葵、海绵，还有成千上万条白鱼和其他鱼组成的鱼群，缤纷错乱，让人目不暇接。最动人心魄的是可以一边潜水，一边加入海龟队列。在它们的带领下，可以发现诗巴丹海底世界与众不同的奇妙。如果够幸运，还可以看见成千上万条海鱼聚集在一起形成飓风眼状的鱼群的壮观景象，这是诗巴丹海底世界的一大奇观，也是在其他海底世界所不能领略到的景色。就这样徜徉在这神秘独特的海底世界之中，仿佛时间就在这份美好中定格，只愿宠溺着这些令人疼爱的海底生物，与它们一起来守护这片宁静美好的家园。

诗巴丹就是一件艺术品，神圣却非常有

▫ 诗巴丹是梦幻般的人间天堂

亲和力。即便是一个刚来诗巴丹的人，都会有一见如故的倾心。它特别却不矫揉造作，它用自己独特的风景吸引着人们的眼球。它的别致，不是其他的海岛可以模仿的，它就是它，一个具有神秘特质的火山小岛，一个外表宁静却内心火热的海岛，一个令人回眸的海岛。它就是诗巴丹，一个看似普通却不普通的地方。

去过了诗巴丹，便知道在世界上，再也找不到令人如此向往的潜水天堂。它就是一门艺术，需要耐心品味，仔细咀嚼，它的魅力不是一眼便能窥探的，它需要一个懂它的人去发现，去挖掘。

醉美风景

斗湖

斗湖是马来西亚沙巴州的第三大城市，面向苏拉威西海，后靠内陆山脉。斗湖是继科特迪瓦和加纳之后的世界第三大可可产地，也是马来西亚最大的可可豆生产区，被称为"亚洲可可之都"。因为斗湖有机场，所以这里经常被作为前往仙本那的中转站。斗湖境内有斗湖山国家公园、山水高尔夫球俱乐部等。这里是娱乐休闲的好地方。

TIPS

❶ 如果要去仙本那，建议不要圣诞节的时候去，因为此时是仙本那的雨季，不方便出去游玩。

❷ 斗湖的可可豆举世闻名，价格也不贵，值得购买。

关键词：童话般的世界
国别：美国
位置：美国佛罗里达州

基拉戈海滩

★★★★★★★★★ 潜入朱尔斯的海中小屋 ★★★★★★★★★

是不是你也有童话般的梦？是不是你也想勾勒一幅属于你的美妙与惬意之画？一切尽在这童话般的海滩——基拉戈，带你走进童话的世界，去寻找专属于你的童话梦。

走近基拉戈海滩，就更想将其形容为一个精致的公园，因为在这里，你欣赏不到绵延漫长的细腻海滩。当然，这一切并不会让基拉戈海滩黯然失色，因为它的狭窄紧凑的海滩同样具有迷人的魅力。随手拉一把长椅，拿一杯可口的饮料，悠然地躺在躺椅之上，欣赏着清风和煦的温柔海滩，看尽基拉戈海滩的日出日落，将一切的温柔与美好都收入眼中，让这一切的美景成为人生中最美的回忆。

当然了，来到了基拉戈海滩，就不能只是在狭长的海滩之上一览朴实无华的风景。因为基拉戈的海底世界远比海面的平静更让人向往，这里的丰富多彩绝对会让人沉醉。让我们一起走进朱尔斯的海中小屋，一起享受基拉戈海滩与众不同的美妙与神秘。

潜入基拉戈海底世界之后，就仿佛彻底进入了一个童话世界。这里除了千奇百怪的珊瑚礁，成千上万的鱼类，更让人叹服的就是这里的海中小屋，一座座稳稳地伫立在海

■ 和海里五彩斑斓的生灵来一次亲密接触

水之中，让人仿佛踏进了童话里的城堡一般，在这个童话世界里，享受人生的美好与曼妙。

海中小屋精致但是并不奢华，设施齐全并且温馨，如果潜入了基拉戈海底，就一定不要错过海中小屋，一定要走进这童话般的世界，体会一下其中的神奇与美妙。这些海中小屋完全没于海水之中，只有深潜入海底之后，才能隐约地窥探到它。海中小屋内的设施非常齐全，有卧室，有厨房，可以在这

■ 西礁岛——美国的"天涯海角"

海底世界居住几天，透过玻璃的墙壁纸，看那在小屋周围来来往往的鱼类，欣赏天使鱼的完美，体会珊瑚礁的神奇，一切海底的美景都可以在这神话般的世界里窥探到。

这童话般的世界就是基拉戈海滩的真实魅力，凭借着海底城堡吸引了无数的游客。来朱尔斯小屋小憩几天，享受海底童话的神奇与独特，让人觉得自己就是海底世界的中心，海底的所有事物都在自己的管辖范围之内，那些炫目夺人的鱼儿就是城堡的守卫者，环绕在周边，只要有需要，它们随时随地都可以来到身边。

时间就此定格，留住这童话般的美好。让我们一起潜入朱尔斯小屋，去童话世界里寻找最本真的自我，享受童话世界里的绝美风景，让自己成为海底世界的主宰者，将一切美好与唯美都轻轻拥入怀中。在朱尔斯的小屋内安然熟睡，只愿没有其他人惊扰这一帘幽梦。

醉美风景

奥兰多环球影城

全球一共有 5 个环球影城，其中奥兰多环球影城最具有欣赏性和游玩性，《大白鲨》《终结者》《勇敢者游戏》《木乃伊》等，每一部经典电影都被设计成了惊险刺激的游戏，

🔲 在朝阳的照耀下，海水温暖平静，让人不忍打破

带给人最震撼的感官体验。无论你是辛普森一家人的粉丝，还是年轻的哈利波特迷，奥兰多环球影城都能满足你的幻想。奥兰多一年四季都有阳光，所以也被称为"阳光之州"，如果想要来一场说走就走的旅行，那么去奥兰多是最合适不过的。

西礁岛

西礁岛是美国佛罗里达群岛最南端的一个岛屿。它是一座热带珊瑚岛，有一条宏伟的跨海大桥，这条约 161 千米长的跨海大桥也被称为"世界第八大奇观"。西礁岛面积为10.35 平方千米，地势平坦，长夏无冬。驾车环绕小岛一周用不了半个小时，但它却闻名全美，并吸引着世界各国的观光客。这里没有高楼大厦，有的是无尽的美式热带风情。在这里，可以看到环加勒比海的豪华游轮，是一个适宜长久居住的好地方。

🔲 奥兰多环球影城极具现代感，也更被年轻人喜爱

TIPS

❶ 奥兰多有巴士车直达奥兰多环球影城，全天候发车，坐巴士前往非常方便。
❷ 西礁岛充满浓郁的拉丁风情，周围有众多的纪念品商店，价格便宜。

第八章

群山之巅

绵延的山峰就像是一个个错落有致的音符，

横亘在世界的每个角落。

当你敲开那扇耸立的大门，

映入眼帘的景色便让你深深折服，

就仿佛穿过了春夏秋冬，

下一刻便是亘古永恒。

徜徉在山脉之中，

聚气凝神，

留下最美的影子。

左图：马切姆路线是去乞力马扎罗山一路上风景最美丽的路线，从热带、亚热带、温带直到寒带的不同景致，使这条路线更为精彩

关键词：冰蚀地貌
国别：加拿大、美国、墨西哥
位置：从加拿大里阿德河到美国
　　　新墨西哥州格兰德河

落基山脉

北美洲的脊梁

　　当落基山那一抹原汁原味的阳光和你在晨曦中相遇，当一片片只有在上帝的眼眸中才能见证的碧蓝出现在天空，当一簇簇将明媚彻底绑架的野花出现在脚下，你就会明白原来人间胜景这四个字有时候也是如此苍白和空洞。

■ 高耸天际的山峰此起彼伏，挺拔陡峭，终年覆盖着积雪

　　米兰·昆德拉说："人在无限大的土地之上，一种幸福是无所事事的冒险。"一千个人有一千种旅行的理由，一万个人有一万种不同的向往，但无论如何，事实上，你、我、他的旅途都不过是一场幸福的冒险。

▫ 挺拔陡峭的山峰，郁郁葱葱的树木和山间小溪到处可见，景色十分迷人秀丽

　　一次次，一回回，驻足也罢，跋涉也好，这里总会在生命中留下一份美好，一丝感动，一缕怀念。落基山脉是个适合旅行的地方吗？或许是，又或许不是，但那又有什么关系呢，当决定出发的时候，科罗拉多州最明媚的阳光就会和你一起上路。

　　落基山脉横跨三国，地域广袤，但对大多数登山爱好者而言，最深的向往还是埃尔伯特峰。埃尔伯特峰是落基山脉的主峰，海拔4399米，冰蚀地貌非常明显，但丰富的动植物资源却为它平添了一份神秘。

　　费耶特维尔湖清澈见底，登山前在湖边慢跑两圈很有必要。登山鞋、登山手杖、登山绳、登山锁扣、纯净水这些都必不可少。若是你准备在埃尔伯特峰峰顶和星星来个浪漫的约会，帐篷和压缩饼干也必不可少。和其他垂直地带性明显的山脉一样，落基山脉的下部也是密林的世界。道格拉斯黄杉、落叶松、白杨、云杉、红柏等树木每一棵都述说着一段叶子与阳光约会的故事。称不上多么大树参天，也没有棉花糖般的奇异树云能让人惊叹，埃尔伯特峰的林间是平静的，岩滑堆中探头探脑的鼠兔便是沿途最美丽的风景。埃尔伯特峰的道路很崎岖，没有任何人工开凿的痕迹，想要登上去不仅需要耐力还需要技巧，登山杖居功至伟，丛生的火焰草

■ 乘坐班夫空中缆车，能观赏到无与伦比的班夫全景

只有用它才能拨开。走过半山腰，山风吹起围巾，葱绿的山林也瞬间成为过去式。苔藓和蕨类灌木成了整个山间的主宰，不戴防滑手套的话根本就抓不住那被青苔润滑过的青石。

一路磕磕绊绊往上走，越来越稀疏的植被仿佛诉说着高处不胜寒的无奈，茕茕孑立的小湖泊中北极茴鱼正懒洋洋地晒着太阳。登顶的那一刻，落日正好与地平线平齐，万千感慨似乎都化作了一句"我会回来的"的呼唤，即便还不曾离开。

醉美风景

冰原大道

冰原大道是落基山脉上一条连通贾思珀国家公园与班夫国家公园的道路，也被称为北美最美的公路之一。沿着冰原大道，游人可以看到草原、瀑布、湖水以及雪峰之顶等一系列的风景。整条大道长约 229 千米，一年四季各具魅力。这里现在已经成为游人观光、徒步、露营等与大自然亲密接触的最佳选择。

班夫空中缆车

坐班夫空中缆车不仅是到班夫的必选之项，更是远眺落基山脉的极佳站点。缆车设四人座，四面皆设计为玻璃窗，可在透过玻璃一览班夫山景的同时，连同硫黄山山顶、弓河谷、明尼汪卡湖以及阳光之下的雄伟落基山脉也尽览无余。坐于缆车内，就如同平步于世界的最顶端，阳光、河流、山川尽收眼底。

TIPS

❶ 登落基山脉，最好准备一双保暖又合脚的鞋子和一副手套。

❷ 滑雪是班夫公园必不可少的项目，自己准备好头盔和手套，有免费的教练指导滑雪动作。

关键词：火山、赤道雪峰
国别：坦桑尼亚
位置：坦桑尼亚东北部

乞力马扎罗山

★★★★★★★★★　闪闪发光的天堂大门　★★★★★★★★★

东非大草原的辽阔无法勾勒它的风华，凝目望去，这座壮丽悠远的雪峰仿佛在不断地燃烧，山腰的流岚雾霭便是它蒸腾的梦。

"乞力马扎罗是一座海拔 5898 米的常年积雪的高山，据说它是非洲最高的一座山，西高峰被马基人称作'鄂阿奇—鄂阿伊'，意为上帝的宫殿。"海明威在《乞力马扎罗的雪》中这样写道。

乞力马扎罗山一直作为人们引以为傲的存在，赤道的炎炎烈日照耀着它沧桑的身影，近乎 60℃的高温似乎是在嘲笑着"赤道雪峰"的荒谬传说。赤道上会有雪山吗？似乎没有人相信，但事实是在地球上最热的赤道带上的确镶嵌着一颗晶莹剔透的冰雪明珠。

站在乞力马扎罗山的山麓，看着那浓墨重彩勾勒出的纯粹热带风光，很难想象，在这座山的尽头会是另一番胜景。眺望乞力马扎罗山洁白的峰顶是每一个登山者都喜欢做的事情，因为踏上山峰的那一刻，时光便似乎在不同的时空之中迷失。

笨笨的非洲象、胆小的斑马、爱钻沙堆的鸵鸟、无忧无虑的蓝猴、温驯的长颈鹿都是山麓平原上最原始的动物，它们相亲相爱，每日都抱着香蕉树、金合欢树愉快地入睡，

◘ 近距离观察大象

草原的阳光便是它们最好的伙伴。回眸看一眼坦桑尼亚最美丽的风景，一步步向上攀登，热带雨林变成热带灌木，色彩如万花筒般在不断变换。山腰处缥缈逸散的云雾就是冰雪最好的使者，珍贵的木布雷树就是上帝对乞力马扎罗山最大的恩赐。走过 2000 米的分界线，会陡然觉得自己一下从热带进入了温带，虽然植被依旧繁茂，但"宅"起来的动物却明显多了起来。踩着碎石路继续向前，传说中的乞力马扎罗"雪帽"便赫然在目。

乞力马扎罗山的雪和其他雪山上的雪不同，它是一种晶蓝的雪，是赤道金色的阳光

■ 乞力马扎罗山是一座孤单耸立的高山，在辽阔的东非大草原上拔地而起，气势磅礴

下最不可思议的神话。当一只脚已经迈进雪中的时候，另一只脚会踟蹰——这样的唯美似乎不应该被破坏。当然，站在乞力马扎罗山顶看日出的愿望战胜了不忍。

静立山巅，俯瞰云端，一切是如此不真实。脚很累，心却很轻松，当然在冰天雪地中和赤道上的骄阳合个影非常必要。

"每一座山都有自己的妖娆"。这句话不知道是谁说的，很朴素，但也很正确。乞力马扎罗山的妖娆你感觉到了吗？如果感觉到了，就马上"飞"到这里来吧。

醉美风景

阿鲁沙国家公园

在坦桑尼亚北部，有一个公园，号称是"公园中的珍宝"，它就是阿鲁沙国家公园，恩戈罗恩戈罗火山口、孟梅拉湖和梅鲁火山这三个独具特色的景点为它博得了这个称号。公园内栖息着的400多种野生动物，给游人带来了无限的乐趣。漫步公园内，无论在哪里，都能看到高耸入云的乞力马扎罗山。狩猎胜地阿鲁沙距离公园只有几个小时的车程，所以公园也是狩猎爱好者在闲暇之时最爱去的地方。

马切姆路线

马切姆路线是登上乞力马扎罗山的风景路线，沿着乞力马扎罗山一直向上，在美不胜收的群山之中，你会看到开在火山口的野花，同时能看到希拉高原上的高沼地，还能一览西部沙滩以及基博沙滩。全线景色宜人，植物葱茏茂密，非常值得一看。

■ 马切姆路线途中的风景

关键词：地球之巅、世界第三极

国别：中国

位置：中国和尼泊尔的交界地带

珠穆朗玛峰

地球之巅

　　珠穆朗玛峰是古今英雄的梦，8844 米的高空凝冻不住沉默的寒冬，多少期待化作风筝，高飞、高飞，直到那亘古的峰巅。

■ 珠穆朗玛峰终年为冰雪覆盖，地形陡峭险峻，是世界登山运动者最向往的地方

　　自从 1953 年埃德蒙·希拉里登顶成功，屹立在中国西藏日喀则地区的珠穆朗玛峰便成了许多登山爱好者的终极梦想。征服"世界第三极"不仅仅是一种胜利，更是一种无上的荣耀。

　　不亲自站在这座喜马拉雅山脉的主峰下，

■ 从远处眺望扎什伦布寺，楼台醒目，殿堂叠耸，金碧辉煌，宏伟而壮美

很难体会到那种天地巍峨的浑厚与壮美，那仿佛已经刺透了九重天阙的山峰旁群峰林立，洛子峰、马卡鲁峰、普莫里峰、章嘉峰等峻拔的奇峰在它面前都只能是陪衬。万峰朝拜这样的形容词丝毫不为过。

从珠峰北坡一路向上，沿途的林木就像是用尺子丈量了一般层次分明，繁茂的热带季雨林还没来得及和登山客打个招呼，樟树、山茶树、月桂树等亚热带常绿乔木就已经在热情地招呼远道而来的游人了。真正让人体味到"畏途巉岩不可攀"，还要在海拔 2000 米之后。山路逐渐崎岖，长臂猿时不时地出现，森林向草甸的转变似乎有些突兀，但细细感悟却又觉浑然天成。

如果单纯为登山而登山，那么旅途就是一种痛苦，但若是为了追梦而登山，再多的坎坷也是幸福的。雪豹、藏羚羊、牦牛展现的是奇妙的自然之美，百灵唱响的则是阳光之歌。细密的汗水顺着两颊流淌，汗珠滴在落叶上，即便碎了也是一种唯美。

草甸的尽头，便是冰川。传说，珠峰峰顶冰川覆盖面积能够达到 10000 平方千米，远远望去，不像是一座山，更像是一座用白色和绿色装点的巨大金字塔。在它面前，埃及金字塔也要黯然失色。

缤纷瑰丽的冰塔林、险绝尘寰的冰陡崖、光芒幽暗的冰裂隙、移动城堡般的庞大冰川在草甸的尽头迷人眼睛。当然了，那晶莹的

■ 不畏严寒的登山队伍

冰雪背后隐藏的是重重的危险，登顶珠峰的梦想在 5200 米的时候就应该画上一个阶段性的句号，因为珠峰大本营就在那里。

晨光熹微时，和 "5200 米纪念碑" 来个亲密的拥抱更能收获无数的羡慕眼光。不要说不甘心，如果对自己绝对自信，也可以继续登顶，但越往上冰雪下暗藏的危险也就越大。所以，如果只是普通的登山者，实在是没有必要为了一个未泯的梦想去冒险。

醉美风景

日喀则

日喀则作为珠穆朗玛峰国家级自然保护区，是世界上最独特的地理区域。它位于中尼边境，有着极高的山峰与峡谷，也有蔚为壮观的冰川、雪峰。全世界只有 14 座

8000 米以上的山峰，而这里则有 5 座。因此，日喀则是登山者不得不去的地方，同时也是近距离接触珠峰的最佳场所。

珠穆朗玛峰

到珠峰不一定非要通过登上山顶来挑战极限。这里南低北高的雪峰线路非常壮观，远远观望便能让人叹为观止。南坡 1000 米以下的地带为热带季雨林，2000 米以下为亚热带常绿林，2000 米以上是温带森林和高山草甸。在层次分明的绿色植被中更有孔雀、藏熊、长臂猿、藏羚羊等珍稀野生动物，这都是别处所没有的风景。

TIPS

❶ 对于想要挑战珠峰的人来说，登山者最好适应高原气候之后再上山。

❷ 登山时不要怕重，四季衣服、防晒霜、太阳帽、感冒药、肠胃药以及其他常备药都应该带齐。

关键词：勃朗峰、夏慕尼、冰洞、冰蚀地貌
国别：意大利、法国、瑞士等
位置：欧洲中南部

阿尔卑斯山

大自然的宫殿

勃朗峰的妖娆，在晴空下演绎着大自然神奇的夏慕尼冰洞，柔美得仿佛要融化世界的莱芒湖，山脚下宁静祥和的小镇……如果造物主知道人间还有如此芳菲之地，恐怕也会迫不及待地入住吧。

■ 阿尔卑斯山脉崎岖而险峻，令人望而生畏

落英缤纷的季节，吹散迷住了眼帘的蒲公英，一路追逐着欧罗巴独有的浪漫气息来到阿尔卑斯山。作为闻名遐迩的世界级旅游胜地，阿尔卑斯山脉的确配得上"大自然宫殿"的荣耀。它是欧罗巴的冰川中心，各种各样的冰蚀地貌在这里汇聚成了一首隽永的诗。

征服阿尔卑斯山的第一步是征服主峰勃朗峰，而征服勃朗峰的第一步则是邂逅勃朗峰下的夏慕尼小镇。小镇很安静，是的，非

常安静。即便已经声名远扬，但这个孕育着冰雪传说的小镇并没有被世俗沾染，河水的潺潺声是这里唯一的交响曲。

勃朗峰的支脉南针峰是夏慕尼的地标，如果没有配备专业的登山装备，登上南针峰的唯一途径便是缆车。南针峰索道在法国闻名遐迩，但真的可以选择的话，徒步登山才是最大的乐趣。绿油油的常青藤、紫中带青的不知名灌木、淡淡清香的野花都是一路最优美的风景。随着登山镐的不断挥动，夏慕尼小镇带着浓厚法国色彩的木屋渐渐地变成了一个个彩色的点缀，身后的青葱也成了独特的绿色背景。海拔的升高让气温渐凉，呼哧呼哧的喘气声听起来更像是阿尔卑斯最完美的伴奏。当峰顶的观景台终于映入眼帘时，你会发现原来自己已经进入了一个由白色和蓝色构成的海洋，除了那皑皑的雪峰、淡蓝的冰川、蔚蓝的天空，满心满眼再也容不下任何东西。

低下头，居高临下看着夏慕尼小镇，整个法国的恢宏似乎都在一瞬间发酵；抬起头，

■ 安纳西是阿尔卑斯山区最美丽的小镇，法国人称它为"阿尔卑斯山的阳台"

仰望着勃朗峰，不断移动的山间的登山者似乎在昭示着某个即将到来的辉煌瞬间。不是专业的登山者，我们无法希冀登顶的辉煌，但也能在山下为他们祈祷。转过头，看看那奇特的冰碛地貌，看看那秀气的冰蚀湖、陡峭的角峰、奇伟的悬谷、巨大的冰斗，然后在阳光明媚的时候去阿尔卑斯冰洞逛一圈，此行便也算圆满。冰洞其实也在夏慕尼的登山道上，但垂直90°的洞穴单单看一眼就已经让人眩晕，更不要说是在有无数冰雨的情况下向上攀登了，普通人只能望洋兴叹。然而，不管怎么说，当回忆时，可以笑着说去过连造物主都期待的宫殿了，这就足够了。

醉美风景

安纳西

安纳西是位于阿尔卑斯山脚下的法国城市，这里有着闻名欧洲的安纳西湖，湖水清澈透明，纯净清凉。因为这是来自于阿尔卑斯山的雪山之水，它从山间缓缓流下，给安纳西带来一抹冰雪世界的清纯、安然。而安纳西的城堡更经历了几个世纪之久，站在历经岁月沉淀的城堡之上，纵览安纳西全城，瞬间让人有穿越过去与未来之感。

苏黎世湖

苏黎世湖风景极美，不但有中世纪砌成的鹅卵石湖边小路，还可泛舟湖上，进行一场悠然的日光浴。整个湖面积达到88平方千米，湖的两岸就是富有诗情画意的恬然小镇。湖畔的广场上，有海鸥与鸽子，它们与游人和谐共处，构成了一道最亮丽的风景。

■ 苏黎世湖深入市中心，湖面上白天鹅、野鸭随处可见，它们悠闲自在，一派和谐

关键词：扇子陡、冰塔林
国别：中国
位置：云南省丽江市
　　　玉龙纳西族自治县

玉龙雪山

★★★★★★★★★ 纳西族人心中的圣地 ★★★★★★★★★

　　有一个地方，能让雄峻巍峨的高山如诗；有一个地方，能让锋锐如刀的冰凌化梦；有一个地方，一直是全世界登山者梦中的灯塔……这个地方，就是玉龙雪山。

■ 玉龙雪山不仅巍峨壮丽，而且随四季的变化而变化，绮丽多姿

　　在 纳西族的古语中，玉龙雪山被称作"欧鲁"，意为银色的山岩。玉龙雪山是银色的吗？或许是吧。但确切地说，这座纬度低、海拔高、被玄武石装点成景的雪山其实是黑白分明的。黑色的岩石，白色的雪，中间没有其他颜色过渡，却丝毫不显得突兀。阳春三月，草长莺飞的日子，背上登山包，去体味一下纳西圣地的奇、秀、险吧。

　　玉龙十三峰，主峰名叫扇子陡，5596 米的海拔不算是惊世骇俗，但至今为止还没有谁能够将它踩在脚下。四季不同，玉龙雪山的景致也各有不同。春暖花开的日子，整座

▫ 为攀登雪山而来的人群络绎不绝

雪山远远看去像是蒙在一层雾中，若隐若现，尤其是清晨，第一缕阳光刺破雾气的时候，雪山委实美得令人目眩。

冰川公园大索道是许多登山爱好者攀登玉龙雪山的首选。索道的起点在扇子陡峰正下方，绵延近3000米的冰川远远望去仿佛是一座倒悬的银色瀑布。冰舌部分更是奇峰插天。周围芳菲的碧草在阳光下和冰川的银白交相辉映，若是不仔细分辨还以为雪是绿色的。绿雪奇峰，浑然天成，鬼斧神工，令人赞叹。等到视线随着缆车的上升而缓缓抬高时，犹抱琵琶半遮面的扇子陡也缓缓地退去了面纱，那潇洒的样子，还真有些形似风流文人的白纸扇。

目光越过扇子陡向东，很轻易就能看到甘海子那一片辽阔的草甸。从缆车上下来，亲手掬一捧雪敷在脸上，冰冰凉凉的，仿佛能感受到雪的脉搏。这个时候喝一杯雪茶是个不错的主意，但雪线之上没有烹茶的好水。一路徐徐向下走，来到甘海子。在这里你不仅能喝到正宗的雪茶，品尝到醇香的鸡豆凉粉，还能和纳西族牧民来一次零距离的接触。牡丹、雪莲、雪松、兰花、刺栗、冷杉、牦牛、黄牛、山羊点缀在帐篷旁，偶尔有袅袅的炊烟升起，平和而温馨。甘海子旁边还有一座蓝月谷，白色大理石镶嵌的白水河流淌

着雪山的柔情，星辉闪烁的夜晚，坐在河边唱一首情歌，怕是世界上最浪漫的事了。

想享受浪漫吗？想邂逅阳春白雪吗？想体验绿雪恋歌吗？如果想，来玉龙雪山吧。

◘ 瀑布似一条条白练，沿峭壁坠下，美不胜收

醉美风景

云杉坪

云杉坪位于玉龙雪山东侧，在雪山主峰的下方。它四周都是原始的云杉林，中间则为巨大的草坪，不仅幽然、静谧，而且绿茵如盖、野花盛开，让人如临仙境一般。所以，云杉坪是放松身心的好去处，它为每个人提供一块可以聆听自己心声的净土。

玉泉公园

在玉龙雪峰和象山的倒影之间，有一处恬静、优美的风景区，这里就是玉泉公园。玉泉公园被分为龙潭、清溪、玉河、山林四个景区，汇集了纳西族的旧建筑群，更有清朝时期留下的大小院落、亭台楼阁。园内各种树木、花卉也形态各异，艳丽多姿，美不胜收。

TIPS

❶ 玉龙雪山海拔较高，登山时要注意高原反应，同时要带好防晒物品，特别是墨镜，以防雪山反光，刺伤眼睛。

❷ 玉龙雪山的索道营业时间是 9:00—16:00，建议早上山早下山。

关键词：高大雄伟、攀登难度大
国别：中国
位置：新疆维吾尔自治区塔什库尔干
　　　塔吉克自治县

乔戈里峰

世界上第二高峰

乔戈里的王子恋上了慕士塔格的公主。相思成疾，公主的眼泪化作了冰川，王子的灵魂则氤氲成了慕士塔格最绚烂的彩霞，留下的只有冰冷的乔戈里峰。

在塔吉克古语中，乔戈里的名称为"Qogir"，意为"高大雄伟的山峰"。的确，乔戈里峰是高大雄伟的，这座在国外被称作"K2"、海拔 8611 米的高峰在世界十四高峰中排名第二，仅次于珠穆朗玛峰。

站在远方，眺望乔戈里峰，它冰雪雕琢的表面上总是有迷雾笼罩，灰黑色的山体与白色的积雪相映，夕阳斜照时总是散发着一种独特的、震撼人心的魅力。走近了，再细细地看乔戈里峰，虽然山麓到山腰植被也算茂密，但那丛丛的灌木却让人联想到了凄婉与荒凉。

不同于珠穆朗玛峰的郁郁葱葱，阿尔卑斯山的温柔多情，乔戈里峰在人们的印象中从来都是冷峻而野蛮的。登顶乔戈里峰比征服珠穆朗玛峰还要难上数倍。春末夏初，当夏花烂漫、春花凋谢的时候，从麻扎达拉徒步 6 天，看着戈壁，踩着黄土，伴随着偶尔出现的塔吉克民宿，我们来到了音红滩，乔戈里峰大本营就在这里。

音红滩最美丽的时候不是黄昏，也不是

▣ 乔戈里峰被称为"野蛮巨峰"

初晨，而是午后。当午后阳光最明媚的时候，活泼的音苏盖提河水被镀上一层淡淡的金色，河岸边婆娑的红柳在微风中随意炫耀着自己的婀娜，绿茸茸的水草发出欢快的笑声，鱼儿调皮地缠绕着水草，牛儿羊儿也撒欢儿般用蹄子刨着松松的土，此时，与爱人依偎在红柳下绝对是一种浪漫。

相偎无言，直至星月满天，携手站在河边，抬望眼，音苏盖提冰川正闪烁着灿烂的光辉。瑰丽的塔林，巨大的冰舌，刀锋般直插天际的冰峰，虽然不是特别巨大，但却别

■ 乔戈里峰虽然地形复杂多变，环境恶劣，但风景极其秀美

有一种幽邃深沉的美。

恍惚间，似乎做了一个梦，梦中登顶了乔戈里峰。醒来后，天已经亮了，迎着朝阳，音苏盖提冰川依旧巍峨，作为背景的乔戈里峰更遥远得仿佛在天涯。那一刻，突然有所感悟，人生能有一次机会和世界第二高峰如此接近，便不该再存其他奢望。

醉美风景

乔戈里冰川

乔戈里峰顶部由北向南有一道面积非常大的冰坡，其山势极为险峻。北侧如同刀削一般平直，坡度达 45° 以上，由此登及峰顶，垂直高度可达 4700 米，为世界垂直高峰之最，这里就是乔戈里冰川。它素以地形复杂、攀登艰险

为名，其间明暗冰裂缝交错，滚石、冰崩时有发生，是探险登山者挑战极限之地。

金湖杨国家森林公园

金湖杨国家森林公园位于新疆维吾尔自治区喀会地区泽普县西南方 40 千米处，这里为戈壁最深处，原始生态保持尚好。胡杨林面积达 1.2 万平方千米，夏日浓郁茂盛，秋季则黄叶如染。同时这里又三面环水，引得大量的野生飞禽栖息。因此，金湖杨国家森林公园以胡杨、戈壁、湖水带给游人一幅独有的塞外桃源之景。

TIPS

❶ 乔戈里峰地势险峻，气候也非常恶劣，登山活动适宜安排在 5、6 月。

❷ 到达乔戈里峰登山大本营要翻越海拔 4800 米的阿格勒达板地区，此处 7、8 月水势会暴涨，无论人畜都不能通过。

关键词：神山、玛尼堆、佛教圣地
国别：中国
位置：西藏自治区西南部普兰县

冈仁波齐峰

未被征服的圣地

冈底斯山脉如画，冈仁波齐峰则是画中最美的风景。青葱的山峦，晶莹的白雪，淡淡的佛光，奇美的山谷，梦幻的冰川……阿里之巅，绝美从来都不只是幻象。

▫ 冈仁波齐峰特殊的山形与周围的山峰迥然不同，让人不得不惊叹

曾经以为登临了泰山的雄伟，阅遍了黄山的险秀，目睹了青城的纤美，邂逅了阿尔卑斯山的冰雪圣境，触摸了珠穆朗玛峰的绮丽，世界上便再也没有哪座山能够称得上醉美，然而，当冈仁波齐峰在藏地的微风中翩跹而至，之前的武断便都被打破了。

冈仁波齐峰是冈底斯山脉的主峰，海拔6721米，是中国最美的十座名山之一，也是世界著名的佛教圣地。在藏语中"冈仁波齐"

🔹 拉昂错湖的湖水，蓝得让人心醉

的意思就是"神灵之山"。相传，在冈仁波齐的七佛山七香海之上居住着 360 位神灵，而冈仁波齐峰住着的则是佛祖。所以，在佛教中，冈仁波齐还有一个煊赫的名字——须弥山。每年，印度、泰国、尼泊尔等地的佛教徒都会蜂拥而至，前来朝圣。

6 月，夏花烂漫之时，穿上登山服，拿好登山镐，坐上开往阿里的客车，一场别开生面的踏梦之旅便悄无声息地开始了。冈仁波齐峰很美，站在山脚下，虽然看不到白云缭绕下山峰的真容，但那峻拔中带着几分神秘的山影却依旧令人动容。

仰望着一片望不见边际的苍翠，一步一步地向上攀登，疏密有致的林木总是能引发无限畅想。偶尔，还能看到一两只摇晃着大尾巴的黑松鼠或者一两只叽叽喳喳的小鸟。

到达三四千米高度的时候，山风变得凛冽，斜照的夕阳也微微带着几分落寞，几块青灰色、形状不甚规则的石头以一种十分奇异的方式堆叠在一起，看上去既散乱又有些神秘。相传，这些看似无序的玛尼堆实际上是神灵的祭坛，通过献祭，佛教徒能够得到神灵的赐福。

南峰的"卍"字是转山途中最不容错过

■ 冈仁波齐峰是多个宗教教派中的神山，在此处转山的信徒不断

的风景。一条自白云峰顶绵延而下的巨大冰槽和一条横向延伸的岩石缎带在半山交织，在阳光的照耀下，散发着碎金般的光芒，仿佛真的沐浴着佛光。

　　冈仁波齐峰常被誉为"阿里之巅"，峰巅常年为白云所掩盖。雨后初晴时，一弯彩虹横挂，七彩的虹光与白云相映，自是别有一番旖旎。落日熔金的时刻，云雾微微散开，峰顶终年不化的冰霜倒映着绿、金、蓝三种颜色，雪中奇峰，冰上丽阳，美得不可思议。

　　天色渐暗，转身下山时忍不住仰首回望，仿佛金字塔一般精致的冈仁波齐峰在夜色中用树叶唱响了忧伤的一曲。那一刻的美丽，早就镌刻在生命中，让人无法忘怀，更不会忘怀。

　　冈仁波齐峰，神山圣石，若一生不曾邂逅一次，便是一种遗憾。

醉美风景

鬼湖拉昂错

位于冈仁波齐峰南侧的拉昂错湖是阿里山区最著名的咸水湖。墨蓝色的湖水平静时幽静唯美，风起时波澜壮阔。湖边暗红色的小山色彩迷离，银白色的卵石滩就像是唯美的缎带般镶嵌在湖中，蛇绿岩的湖石在星光下散发着淡淡的光晕，异常梦幻。

玛旁雍错湖

自古而今，玛旁雍错湖和冈仁波齐峰便是一对恋人。神山圣湖总是令人遐想无限。作为中国最美的内陆淡水湖之一，玛旁雍错湖的湖水碧透清澈，湖畔还有多处温泉。碧草青青、林木茂盛，古刹佛庙多隐藏于此。玄奘在《大唐西域记》中更尊称其为"西天瑶池"，可见其纯洁静美的程度。

TIPS

❶ 最佳游览时间：5—6月。

❷ 西藏地区海拔较高，许多人都会有高原反应，务必准备好药物。建议心脏功能不大好的游客慎行。

第九章

冰雪奇缘

你说你喜欢银装素裹的世界，

这种偏爱，

这种固执，

便也只有在这洁白的世界，

才能体现得淋漓尽致。

空灵纯净的世界有着一尘不染的高贵与优雅，

但愿在这冰雪世界之中，

能邂逅人生中最美的缘分。

左图：南极海峡中形态各异的浮冰，让人感觉置身仙境

关键词：滑雪的天堂
国别：瑞士
位置：阿尔卑斯山脉的中心地带

圣莫里茨滑雪场

★★★★★★★★★ 滑雪运动者的天堂 ★★★★★★★★★★

乘着滑雪板，自由自在地滑行在这银色的雪地之上，享受高贵优雅的雪场带来的不一样的感受，体会从高坡一滑而下的刺激与奔腾。瑞士圣莫里茨滑雪场，带给你前所未有的激动。

▪ 这里白雪皑皑，冰川连绵千里。陡斜雄伟的山坡是滑雪的最佳场所

曾几何时，望着那白雪皑皑银装素裹的山脉，整个人都沉浸在这种高贵优雅的世界，被吸引得无法自拔。雪对人而言，本就是纯洁、高尚的象征，整个人漫步在这一望无垠的白色世界，内心也变得淡然与纯净。而人们所有的情怀，都会在瑞士的圣莫里茨滑雪场得以释放。

瑞士仿佛整个国家都是沉浸在冰雪的天地一般，这个有着纯洁灵魂的国度，有无数个滑雪场，但是只有圣莫里茨滑雪场深入人心，让人流连忘返。它是滑雪爱好者的胜地，它是滑雪运动的天堂。这里雪山林立，雪质优良，随便一座雪山就拥有天然的滑雪道。

圣莫里茨这个城市并不大，但是每年都有众多的游客慕名而来，只想亲身体会一番在这个圣洁的地方滑雪的感觉。这里没有寒冷的气候，每一天都让人感觉舒适。滑雪设备齐全，在这里，不需要顾忌太多，只需要勇敢地向前倾身，任凭滑雪板将自己带向山下的终点。

圣莫里茨有一个350米的滑雪道，落差超过了3500米，光是听到这个数字就能想到它能带来多大的刺激了。一切装备准备就绪之后，就可以像一只展翅高飞的雄鹰，全副武装，从峰顶呼啸而过。站在峰顶之上，就像是人生的赢家一样俯视着这冰雪般的世

■ 被美丽的森林、湖泊、阿尔卑斯群峰环绕的圣莫里茨是一处气候宜人的高山旅游胜地

■ 圣莫里茨拥有万年冰霜的群山以及神秘的湖泊，优雅而高贵，具有无穷的魅力

界，仿佛已经能看到自己从这雪道之上一滑而过。或许这个高度会引起内心的恐惧，但是无论再大的恐惧，都无法阻挡那皑皑白雪带来的诱惑力，它鼓动人们勇敢向前，用滑雪棍向后一撑，便能从峰顶之上急速滑下。就像是展翅高飞的雄鹰，自由自在地翱翔在这圣洁的冰雪世界之中，看着沿途的树上挂着的冰条，欣赏着被白雪包裹着的劲松，在这冰雪的世界，一切的纯洁与高雅都是不容许被玷污的。这一刻，才能心无杂念，单纯地享受冰雪世界的奇景与滑雪带来的快乐与兴奋。

在这样的一个滑雪天堂成功地挑战自我，就像是与这冰雪世界融为一体，就像是一只振翅高飞的雄鹰，在冰雪世界完成了人生的一次极限挑战，尽情地飞翔在这银装素裹的世界。如果想挑战自己，如果想沉淀自己，那么一定要来滑雪运动者的天堂——圣莫里茨，它一定会带给人们别样的惊喜与刺激。

醉美风景

"海蒂小屋"

瑞士的"海蒂小屋"是由传统木材搭建而成，小屋内的古老双层床是山区里的村民为借助动物体温驱寒而建造的特殊床。小屋还原了书中描写的场景，很有特色。此外，还可以进一步走进海蒂的世界，和在"海蒂小屋"生活的动物来个亲密接触。在"海蒂小屋"的邮局寄明信片可以盖上少女海蒂的特制邮戳，很有纪念意义。

圣莫里茨湖

圣莫里茨湖绝对是优雅高贵的象征，它美若天仙，一年322天的阳光普照成就了这里宜人的气候。走在圣莫里茨湖畔，就像是走进了画中一般，情不自禁地放慢自己的脚步，呼吸着清凉的空气，体会着山水花草，身临其境，仿佛能游离出一个不一样的自己。

TIPS

❶ "海蒂小屋"的纪念品店总是人满为患，大家在购买纪念品时要看管好自己的财物。

❷ 圣莫里茨湖的青年旅社不仅价格划算，还可以提供免费的缆车。

夏慕尼

★★★★★★★★★ 优美的滑雪胜地 ★★★★★★★★★★

浪漫中不失本真，美景中蕴含极限挑战。法国的夏慕尼，一个浪漫优雅的小镇，一个银装素裹的世界，一个唯美纯洁的滑雪胜地。让我们一起走进夏慕尼，体会这里的别样风情。

■ 各种水平的滑雪爱好者都能在天然雪场找到适合自己的雪道

夏慕尼本是一个普通平凡的小镇，却因为坐落于阿尔卑斯山脉脚下而举世闻名，成了众人竞相追逐的滑雪胜地。一年一度的雪季之后，原本朴实无华的小镇已经全然披上了白色的外衣，灿烂的阳光使得原本淳朴的夏慕尼顿时高贵了起来。独特的地理位置让它具有了成为滑雪场的优势。冬天的夏慕尼温度并不高，站在滑雪场上品

■ 被积雪包围的夏慕尼小镇，浪漫而温馨

一杯咖啡也十分惬意。

一眼望去，夏慕尼就像是遗落在人间的天使，坚强地守护在阿尔卑斯山的身边，神圣不可侵犯。在这冰雪世界之中，夏慕尼流露出了它与生俱来的高贵气质，给整个阿尔卑斯山脉带来了活力。围绕在夏慕尼周边的针叶林，都披上了银色的外衣，夏慕尼的一切都在冰雪的修饰下，变得更加高贵无瑕。而看到这一切的人们，更是不忍心去破坏这种纯净与圣洁。夏慕尼的滑雪道并不是十分陡峭，但是从山顶滑到山底，却可以欣赏到与众不同的风景，感受到与众不同的夏慕尼风光。

滑雪运动的准备工作已经做好，只等待倾身向前，便可以徜徉在滑雪道之中，将夏慕尼的所有景色一览无余。站在山顶之上，看着夏慕尼在自己的脚下，所有的景色都凝聚在一起。有凌寒独自开的傲骨花朵，也有在冰雪世界中沉睡的树木；有回荡在整个山谷的银铃般的笑声，也有极限滑雪带来的尖叫。你鼓起全身的勇气，从那山顶之上勇敢地迈出了自己的第一步，看一排排的云杉向后倒退，欣赏着雪场的优美风景，好似成了一名真正的滑雪勇士。

▣ 夏慕尼拥有欧洲最高的缆车，坐在上面，任何人都会被其壮丽的景色震撼

沿途的风景总是会让人留恋，从两侧都是冰雪覆盖的高山上奔驰而下，看洁白的雪在脚下滑向了远方，看一只只滑雪板在滑雪场上留下深刻的印记。这一次的滑雪经历，绝对会成为人生中弥足珍贵的记忆，毕竟它可以作为一种勇气的象征。在这般天地融为一体的纯洁世界里，证明自己的勇敢，并完美地为这次滑雪旅行画上一个完美的句号。

如果想体会一番滑雪场的刺激与优雅，如果想感受一下法国风情的浪漫，如果想欣赏一下夏慕尼的冰雪世界，那一定要来一次夏慕尼的滑雪场。它可以带人们战胜恐惧，带人们走进这童话般的冰雪世界，让人们领略一番只属于夏慕尼的独特风情。在这个滑雪圣地，人们尽情地释放自己，抛开之前的困扰，只需好好地沉浸在白皑皑的世界之中，用勇气在滑雪场上勾勒出一条完美的弧线。

醉美风景

冰河洞穴

夏慕尼的冰河洞穴是人工开凿的，虽然面积不大，但在这里，可以看见千奇百怪并且颜色丰富多彩的冰雕。置身于洞穴之中，仿佛进入了一个冰雪的世界，除了能感受到冰川散发出来的阵阵寒意，更多的是体会那番激情与畅快。

水晶博物馆

茵斯布鲁克近郊瓦腾斯镇的施华洛世奇地区有一个世界上最大、享誉最广的水晶博物馆，馆中有一眼"阿尔卑斯"喷泉，这个喷泉不断地喷出晶莹的水花，点亮整个博物馆。进入博物馆我们可以看到无数闪烁的水晶石和水晶艺术品，还能见识到巨大、华贵的水晶墙。

TIPS

❶ 冰河洞穴里面都是冰川雕刻而成的，记得保暖。
❷ 水晶博物馆中的水晶都比较珍贵，参观时最好关掉手机，以免手机的辐射影响水晶的纯度。

关键词：滑雪天堂
国别：法国
地理位置：阿尔卑斯山脉之中

拉普拉涅

★★★★★★★★★ 伸手就是天堂 ★★★★★★★★★

如果你也向往和雪山、冰川的亲密接触，将阿尔卑斯山的皑皑雪景揽入怀中，那么一定要去法国的拉普拉涅，这里有着滑雪圣地的极速激情，也有着古老小镇的优雅浪漫，一伸手便是天堂。

法国拥有世界上最多的滑雪场，拥有最多的滑雪通道，在这里，可以将法国的浪漫与激情一览无余，可以毫无忌惮地释放自己的天性。如果非要在这众多的滑雪场中挑出一个最值得一去的，那么首先想到的绝对是拉普拉涅。这个幽静神秘的小镇拥有庞大的滑雪场，规模之大，绝对超乎想象。

阿尔卑斯山无时无刻不散发出一种冷冽的气息，但这里的空气一尘不染，在这里的每时每刻，都可以自由自在地顺畅呼吸。这里的雪更是得天独厚，随手抓一把粉雪，在阳光下能清晰地看见一颗颗晶莹剔透的雪粒。

拉普拉涅的滑雪场非常广阔，所以无须迎着拥挤的人流，就可以毫无束缚地从峰顶上畅游而下。这里有各种各样的滑道可以挑战，无论是新手还是滑雪经验丰富的老手，都可以在拉普拉涅的滑雪场找到适合自己的滑雪道，深刻地体会一番滑雪的刺激与快感。拉普拉涅的滑雪场是非常安全的，但是从滑

■ 格里摩港保有意大利灵感的运河和小岛风貌，显然也充斥着别样的法国气息

雪场下面向上望去，感觉整个滑雪场是垂直的，仿佛直勾勾地悬挂在阿尔卑斯的山脉之上，仅仅是惊鸿一瞥，都让人内心恐惧。在这样的滑雪场，摔倒是属于很正常不过的事

■ 7月蔚蓝海岸因为充沛的阳光而蓝得透彻

■ 拉普拉涅滑雪场是欧洲人心中的滑雪胜地

情，经常会看见一些滑雪者被抛出了几十米，但是依旧可以镇定自若地拿起滑雪板，继续滑雪旅程。这就是滑雪精神，永不放弃。

当然，拉普拉涅广大的滑雪场注定了这里滑雪模式的多样化，无论是想玩单板滑雪，还是想用双板征服这条雪道，在拉普拉涅都是允许的。滑雪时，甚至能感受到那被抛在身后的积雪在这雪山的风中洋洋洒洒、晶莹剔透。

滑雪的过程其实就是一个战胜自我的过程，即便是滑雪的过程中摔倒了，也可以当自己是与皑皑白雪来了一次亲密接触。滑雪的魅力只有真正体会过的人才能感受得到，在这个圣洁的世界里，迈开自己的双脚，雪杆一动，便能从峰顶呼啸而过。与其说刺激，不如说这是一种挑战。在拉普拉涅，伸手就是天堂，可以触摸到晶莹剔透的皑皑白雪，可以尽情地在这广阔的滑雪场中撒野。在这里，人们的目标只有一个，就是征服陡峭的滑雪场，成为一名真正的勇士。在这里，只需做自己，这就是拉普拉涅的魅力，一个你

绝对不能错过的滑雪胜地。

醉美风景

蔚蓝海岸

蔚蓝海岸是法国最出名的海岸，这里是度假胜地。蔚蓝海岸地区有很多别致有韵味的小镇，值得一看。站在600多米的城市顶端可以将大半个蔚蓝海岸的美景收入眼中，现如今有很多人来这个海岸进行帆船和快艇活动，这里是水上运动者的天堂，只有这里的大风浪才可以满足他们追求极限挑战的热忱。

格里摩港

格里摩港是具有威尼斯风情的海港，这里也保有了意大利风情的运河和一些小岛风貌，在这里，可以享受到午后闲暇时光的惬意，也可以体会到海浪到来的巨大刺激。这里是冲浪者们的天堂，他们经常来到格里摩港寻求刺激，享受着那种迎风而上的刺激。只要心情好，随时随地都可以来一次完美的冲浪旅行。

TIPS

❶ 蔚蓝海岸景色优美，进行一场日光浴很有必要，但是要做好防晒工作。

❷ 在冲浪时，一定要注意安全。

关键词：净化心灵、纯净透明
国别：美国
位置：加利福尼亚的边界

太浩湖滑雪场

净化心灵的旅程

太浩湖的美令人窒息。一眼望去，湛蓝、平静的太浩湖被冰雪所环绕，湖水闪烁着宝石般的光芒，站在湖边，心灵也变得纯粹。这就是太浩湖，一个令人魂牵梦绕的归处。

▫ 没有嘈杂的车流，空寂的雪野上只有鸟鸣或是风声，仿佛任何其他的动静都会惊动大自然和谐的韵律

两座山峰之间的断层，造就了这梦境一般的太浩湖，湖边有许多山脉环绕，所以才能成就太浩湖的滑雪场。太浩湖的滑雪场为每一个级别的滑雪者提供了相应的滑雪道，在这里，滑雪者完全可以对号入座，找对自己的位置。看到两边美不胜收的山景，就会明白，在太浩湖来一场滑雪之旅，不仅是一件惬意的事情，更是一件幸

■ 翡翠湾州立公园因太浩湖而出名

福的事情。太浩湖就像是一个天蓝色的水晶球，沉浸在这巨大的山谷之间，无时无刻不散发着耀眼的光芒，看到这天地相接般的景色，便觉得原本躁动的内心在这一刻却归于平静。在这里的滑雪旅程，便是一场净化心灵的旅程，可以抛除所有的烦恼与忧愁，让人只想在这滑雪场上找到最本真的自我。

踏上山顶的那一刻，太浩湖周边的景色便全深入了眼眸，看那一抹纯白，还有那一缕湛蓝，每一种颜色都是纯净透明的，没有一丝一毫的杂质。滑雪道旁边林立着许许多多的劲松，它们迎着冰雪，坚强地挺立在那儿，从它们的骨子里散发出一种傲雪的情怀，便是这种精神感染、支撑着人们，让人们有勇气去征服这太浩湖的一切。最惬意的事莫过于滑雪之时，还能欣赏到周围的种种美景。将这一切美好拥入怀中，甚至可以发现，滑雪不是一种极限挑战，而是一种令人无法自拔的完美运动。

傍晚时分，看天空中已经羞红了脸庞的云朵，夕阳的余晖映照在纯洁的白雪之上，零星散布在地面上的金色光芒让人沉醉其中。伴随着这般惬意与美好，便可以开始滑雪旅程，只要出发了，便是义无反顾。享受极陡的坡度带来的刺激与快感，享受飞舞的白雪在嘴中融化后留下的一丝甜味，享受夕阳的美好给人带来的舒适与静谧，此时此刻，即便是心中有再大的忧愁，都可以毫无顾忌地抛到脑后。凝视太浩湖水晶般的湖面，那里便是终点。

■ 九曲花街是世界上最弯曲的街道

太浩湖的每一次滑雪旅程都是一次净化心灵的旅程，看着这静谧与纯白的美好世界，让人无法去抱怨生活中的不美好。滑雪旅程结束之后便能发现，自己也可以做到心无杂念，以一颗平常的心态去欣赏这如梦似幻的美景，在这些美景中沉淀自己、升华自己、净化自己，愿内心也可以像这冰雪般纯净，像这湖水般透明。

醉美风景

翡翠湾州立公园

翡翠湾州立公园是一个绚丽多姿的国家公园，在这里可以欣赏到明镜般的湖水，湛蓝的湖面晶莹剔透。这个公园有一个特别高的观景台，在这里可以欣赏到太浩湖的全景。翡翠湾州立公园之内还有一个鹰瀑布，除此之外，还可以看到这里的豪宅。整个翡翠湾都沉浸在一种淡然、静谧的环境之中，只要踏入这个地方，就能感受到它空明纯净的独特气质。

九曲花街

九曲花街是美国加州圣弗朗西斯科东西方向的一条街道，该街道一直向上延伸，经过俄罗斯山、电报山，一直延伸到圣弗朗西斯科的尽头。这条街道九曲回肠，街道的两侧全部是各种各样的花，花香四溢，行走在这条街道，就像是沉浸在花海之中，让人神清气爽，倍感清新。漫步在花街之中，整个人都是轻松的、自由的，让人忘记一切的烦恼，只想静静地沉浸在这弥漫着香味的世界里，享受着这番美好。

TIPS

❶ 冬天积雪较多，路面结冰，去翡翠湾州立公园的时候一定要注意安全，以免滑倒摔伤。

❷ 九曲花街专为游客们提供电缆车，大家需根据提示上下车，以免错过美好的风景。

关键词：大雪纷飞、别样滑雪
国别：芬兰
位置：霍萨地区

霍萨地区公园

★★★★★★★★★ 与冰雪起舞 ★★★★★★★★★

千里冰封，万里雪飘。在这里，可以见到人生中最美的极光；在这里，可以体会到那最原始的民族风情。让我们一起走进芬兰霍萨地区公园，与冰雪来一次完美的邂逅。

▣ 图尔库城堡

都说芬兰的霍萨地区公园是让女人毫无抵抗力的人间仙境，其实面对这种美景，无论是谁都会臣服于它的美丽之下。霍萨地区公园就像是一个冰美人，以它冰雪般的气质吸引着世界各国的游客，只要能一睹她的芳容，一切的付出都是值得的。

芬兰的冬天就像是沉溺在童话世界一般，而霍萨地区公园就是这童话世界中最绚丽夺目的一座城堡，每一个人都被它的神奇与美妙所折服。冬季，一定要在芬兰来一次滑雪旅行，在这里滑雪，是已然超越了自我的挑战，升华为一种与霍萨地区公园的唯美邂逅。这里的滑雪种类非常多，无论是花样滑雪、下坡滑雪，都是每一个来霍萨公园的人必须体验的项目。

最让人痴迷的是霍萨地区冬季从不停歇的雪，一边滑雪，一边还能享受到漫天飞雪纷纷地撒在身上，就像是走进了一个曼妙的冰雪世界中跳一支无与伦比的探戈。这般天寒地冻的冰雪世界，想必也只有滑雪的激情和霍萨公园的美景才能够将其融化，想必在这满是积雪的公园中，来一场越野式的滑雪也是非常美妙的。徜徉在积雪的世界之中，看从身边呼啸而过的飞雪与冷风，如果不是身临其境，又怎么能知道这其中的惊险与刺激。

■ 拉普兰德最受欢迎的运动是滑雪

　　当然，来到了芬兰，滑雪是远远不够的，还应该享受一下绝无仅有的狗拉雪橇。看8条因纽特犬在身前急速地奔驰，人们只需要张开手臂，迎接这旅程中的寒风，看那鹅毛般的大雪轻轻地落在指间，就像一个慵懒的小天使，在指间上摩挲。芬兰的滑雪旅行就像是一场冰雪奇缘，在这里，可以体验人生中最惬意的事情，在这厚重的积雪之上，看滑雪板掠过一条条的痕迹，随着舞动的飞雪慢慢地消失在视野之中。

　　或许就在回眸的那一瞬间，便会爱上这个冰雪般的世界；或许就是那样的惊鸿一瞥，便能窥探到这外表冷酷的霍萨地区公园热血沸腾的内心。在这个千里冰封万里飘雪的世界之中，总是能够享受到滑雪带来的惬意与美好。这里不仅冰雪让人留恋，更有生平难得一见的极光在芬兰的上空勾勒出一条条美丽的弧线。

　　芬兰总是能让人感受到极强的幸福感，一起走进这个神秘梦幻的霍萨公园，在这个童话般的世界里来一次永生难忘的人生之旅，让这里的冰雪世界，定格为记忆中的永恒吧。

醉美风景

图尔库城堡

奥拉河的入海口有一个城堡叫作图尔库，如今城堡在维持原来风格的基础上改成了图尔库博物馆。图尔库城堡保持了几百年前的神秘，基础设施如关押囚犯的地牢仍然还在，城堡中各种贵族的珍稀宝物都陈列出来。城堡的工作人员穿着漂亮的中世纪服装，装扮成各种各样的角色，如穿着盔甲、拿着长矛的站岗卫士，处处充满着中世纪古堡神秘浪漫的气氛。

TIPS

❶ 图尔库城堡每年的游客都非常多，游玩时要看好随身物品，以免丢失。

❷ 在拉普兰德能看见极光，如果条件允许，可以租用一个望远镜，看到的极光会更加生动。

关键词：圣诞老人、驯鹿拉雪橇、极昼极夜
国别：芬兰
位置：芬兰最北部，北极圈以内

拉普兰德

★★★★★★★★★★ 与圣诞老人邂逅 ★★★★★★★★★★

　　星罗棋布的湖泊、银装素裹的大地、淳朴而奇特的萨米人、五彩斑斓的北极光、憨厚含笑的圣诞老人、飞奔的驯鹿雪橇、不落的壮美红日……绝代芳华、出尘脱俗，这就是拉普兰德。

■ 一望无际的茫茫白雪为滑雪爱好者造就了天堂

　　小时候，看到戴着红色软帽、穿着红色皮袍、留着一把雪白大胡子的圣诞老人，孩子们总会两眼冒星星；长大了，再次邂逅圣诞老人，总以为那不过是一个善意的谎言。然而，当拉普兰德这个名字在生命中出现才知道，原来自己大错特错。

　　这个世界上原来真的有拉雪橇的驯鹿，原来真的有圣诞老人，原来真的有天边不泯星辰。

　　因为有四分之三的土地在北极圈之内，

拉普兰德的冬天一向寒冷而漫长，每年10月至次年5月，一年的三分之二，拉普兰德人都与冰雪为伴。走进拉普兰德，才会真正明白什么是不染纤尘。那晶莹的冰雪就像是最完美的艺术品，美得窒息，美得让人不敢去亵渎。

坐着驯鹿拉的雪橇，你满可以将心中所有的激情放飞，撒着欢儿在这片天然、狂野又奇美的土地上奔跑欢呼。一路上，能看到一望无垠的旷野，能看到郁郁葱葱的丛林，能看到偶尔从冬眠中醒来的小动物，更能看到潺潺的河流和矮个子、棕皮肤的萨米土著。

不要怀疑自己的眼睛，坐在奔驰的雪橇上畅游的便是仙境！

当然，若是温柔的驯鹿，缓缓行走的雪橇不能让你心中的热血沸腾，你也可以跳下来穿上冰鞋秀一秀自己的绝技。拉普拉德的很多地方是天然的滑雪场，任何时候任何地点都能滑上两圈。

每年11月过后，拉普兰德会进入极夜。踏着满天不灭的星光，牵着爱侣的手，在冰雪女王的见证下去探访被北极圈穿过的圣诞老人村着实是很奇妙的选择。当然，若是不愿意，也可以在6月过来，那个时候，进入极昼的拉普兰德就是天边最炫美的明珠。午夜时分，脚踩滑雪板，顶着不落的冉冉红日，从高地疾速下冲，那种刺激，那种绝美，难以言喻。若是童心泛滥，也可以调皮地换上一套圣诞老人的红衣，说不定，你纵横雪夜的英姿就会成为一个孩子最美丽的梦境。

作为"欧洲最后一块原始保留区"，拉普兰德的纯净举世惊叹，能够邂逅它本就是一种幸福，若是能在玉洁的白雪中留下属于自己的足迹与划痕，那么此生必将无憾。

醉美风景

圣诞展览馆

在拉普兰德，圣诞老人的身影无处不在，不过首府罗瓦涅米的圣诞展览馆是其中最精粹的一角。在这里，游客能够看到数之不尽的圣诞节服饰和装饰物，能够看到关于圣诞节的各种珍贵历史片，还能看到各色各样装点一新、别具一格的圣诞树。走进其中，就仿佛进入了圣诞专场派对，温馨而趣味盎然。

欧纳斯山滑雪中心

位于罗瓦涅米市中心的欧纳斯山滑雪中心一向是北欧滑雪爱好者的最爱。这里滑雪设施齐备，滑雪场地优良，每年冬天，海拔200多米的欧纳斯山都会成为滑雪锦标赛不二的赛场；每年夏天，追随着仲夏庆典的队伍一路上山再一路滑下山，细细品味这里的雄浑壮美也是不错的体验。

■ 驯鹿是拉普兰德的交通工具

■ 夜晚的灯光笼罩在雪上，如梦似幻

TIPS

❶ 圣诞展览馆全年开放，但拉普兰德是极地气候，若是带孩子过来一定要注意保暖。

❷ 冬季，欧纳斯山滑雪中心举行国际大型赛事的时候会选择性地封闭一些区域，游客要随时注意滑雪中心的通知。

关键词：狗拉雪橇、极地狂奔
国别：丹麦
位置：北欧格陵兰岛上

格陵兰

★★★★★★★★★ 狗拉雪橇的极地狂奔 ★★★★★★★★★

掬一捧格陵兰冬日最温醇的阳光，悠闲地躺在木质的雪橇上，任那夹杂着雪花芬芳的清风自额前掠过，已分不清耳畔是飞雪声还是虫鸣声，隐隐约约间，嘈杂远去，七彩的极光却湿润了眼帘……

📷 躺在木质的雪橇上，体味不一样的交通方式

初冬时节，踩着深红的枫叶，踏上北去的航班，到格陵兰去追寻一次阳光下的欢乐之旅，的确是一个绝妙的选择。

澄澈的蓝天，温醇的阳光，悠悠的白云，略带湿潮的空气，白得不染纤尘的雪，蠢萌的哈士奇，色彩缤纷的木屋，晶莹剔透的爱斯基摩冰房子，一切的一切在不经意间已经构成了一幅真实的令人感动的画卷。

轻轻地掬一捧格陵兰镀着阳光的白雪，洗

去满脸的风尘，带着重生般的雀跃打量周围的一切，让人无法将它和古远、荒蛮联系在一起。和拉普兰德一样，格陵兰也是世界知名的雪橇胜地。每年都会有许多怀揣着渴望与好奇的滑雪者在某个飘雪的黄昏在格陵兰相遇。

相比于阿拉斯加州，萌萌的哈士奇在格陵兰似乎更受宠爱。清晨，当天边的晨曦渐渐散去，哈士奇们就已经整装待发。雪橇是木质的，造型很奇特，制作也相当精致，根据勇敢程度，因纽特人会为你选择不同的行走路线。

坐在雪橇上，抬望眼，险峻奇秀的雪山依旧遥不可及，但身边的雪景却如幻灯片般缓缓地播放着一个又一个美丽的片段。一望无际的纯白中偶尔会出现一抹盎然的新绿。远处，极具北欧风情的村庄中炊烟袅袅，五颜六色的屋顶在阳光下勾勒出最纯美的梦幻。凛冽的寒风时不时地透过围巾和脸蛋来一次亲密接触，走累了，哈士奇也会趴下来撒娇耍赖求安慰。

若是运气极佳，还能看到北极光，漫天

■ 鲜艳的小木屋点缀在皑皑白雪中，给冰冷抹上一丝暖色

遍地的渲染，淡玫瑰色和淡绿色为主色调的光幕铺满天穹，熠熠的星辉令人难忘。这个时候，站起身来，发出一声吆喝，轻轻抖动一下长鞭，哈士奇们就像是收到了某种信号一般瞬间撒腿狂奔。风声被遗落在身后，溅起的雪花迷蒙了双眼，那一刻，心脏仿佛要跳出胸腔，速度与激情的魅力得到了最完美的绽放。那种无拘无束，那种精彩刺激，唯有一声长啸能够应和。

当然，若是不喜欢坐雪橇，格陵兰岛上也有不少野雪坡，穿戴好装备，从坡顶一路向下，还会在不经意间勾勒出 S 形的弧线，一不小心还可能和微型的小雪崩来次亲密接触。摔倒了，别担心，凉凉的雪花会让你感觉到另一种源自灵魂的惬意。

滑完雪，若还精力满满，可以跟着因纽特人一起去破冰，一起去冰海垂钓，一起去荒野探险……在格陵兰，没有体验不到的精彩，只有不敢去体验的刺激。或许邂逅之前会觉得遗憾，但邂逅它之后绝对不会后悔。

醉美风景

伊卢利萨特冰峡湾

伊卢利萨特冰峡湾是格陵兰岛风景最好的地方之一。它发源于雅各布冰川，整个峡湾全年都被冰雪覆盖。蔚蓝的天空、洁白的冰川、湛蓝的海水在极光的映衬下显现出独有的清丽，偶尔，会有长须鲸从水下探头而出，可爱极了。

因纽特村

坐落在赛默米特山谷的因纽特村是因纽特人的聚居地，这座千年古村已经有四千多年的历史了，因纽特最灿烂最古老的文明在这里得到了最纯粹的再现。走进村落，各种各样的遗址、各种各样的民族工艺品、各种各样的风俗活动都让人流连忘返。

■ 冰川融化的碎块漂浮在湖面上，柔情峻冷，让人望而生畏

TIPS

❶ 伊卢利萨特冰峡湾地形复杂、周围情况多变，独自行走很可能遭遇危险，最好邀请爱斯基摩向导一起去。

❷ 进入爱斯基摩村要入乡随俗、注意礼貌。

关键词：垂直滑雪、出海看冰川
国别：美国
位置：阿拉斯加州瓦尔迪兹市

阿拉斯加瓦尔迪兹

★★★★★★★★★ 体验垂直降落的快感 ★★★★★★★★★

每一座城都是一首诗，每一首诗都有自己独一无二的风华。瓦尔迪兹是一座古城，更是一首古诗，饱含着寒冰凝雪的笔墨，镌刻着雪域绝巅的风情。

▣ 闪耀着淡蓝色光芒的冰川，似乎让人以为误入了童话世界

没到过瓦尔迪兹的人，永远都不知道瓦尔迪兹真正的风情是什么；到过瓦尔迪兹的人，则很容易在瓦尔迪兹的风情中迷失。这座曾经见证了美洲无限繁华又因地震而殒殁的古城，本身就是一个谜，解谜的人很多，一千个人有一千种答案，却没有人敢说自己得到的就是谜底。

走进瓦尔迪兹，汤普森隘口是不得不逾

越的天堑。驾着车前行，壮美的山川，幽深的峡谷，闪着淡蓝色光芒的冰川，绝美的冰舌，神奇的角峰、针峰、冰斗总让人有一种误入仙境的错觉。

楚加奇山脉是瓦尔迪兹温柔的母亲，她伸展双臂将自己的孩子温柔地搂进怀中，让它不被风吹，不被日晒。温和的气候让这座冰天雪地中的小城别有一种暖人的浪漫，参天的温带雨林好似最华美的绿色丝带，让"阿拉斯加的小瑞士"蒙上了一层盈盈的春意。

作为美国北部最北方的不冻港，瓦尔迪兹的风景别具一格。阳光融融的时候，乘着快艇，在雾气将散未散的时候出海去看冰川委实是一种享受。瓦尔迪兹附近能观赏的冰川有五座，最壮美的要属哥伦比亚冰川。在

天空的映衬下，整座冰川呈现出一种剔透的让人心醉的蓝，站在冰川脚下，一股亲近与敬畏交织之情不知不觉便油然而生。脚下踩着攀冰鞋，却突然没有了攀爬的兴趣。这样

■ 疯狂的滑雪爱好者

当然了，来到瓦尔迪兹，即便什么都不做，也要去滑雪场走一圈。瓦尔迪兹滑雪场的垂直速降一直都是滑雪爱好者的梦想。穿戴好装备，站在山顶俯瞰整个瓦尔迪兹，整个威廉王子湾的美景尽收眼底。瞬间冲出时的倒错感让人忍不住尖叫，但近乎 90° 的高山雪坡却让所有的尖叫在发声前夭折。因为此时必须全神贯注，在急速中小心翼翼地注意路线，以防一不小心冲入岔道的沟壑中，因为死神也许就在那里等着和你跳贴面舞。而且滑行时动作不能太大，否则雪崩绝对会接踵而来。几十秒的时间就仿佛一辈子，每一秒都仿佛是在生死之间起舞。那种感觉岂是刺激两个字能够形容的？

瓦尔迪兹如诗，雪山高坡如梦，当滑雪板顺着梦与诗一路狂飙，时间便定格在了永恒，不是吗？

醉美风景

迪纳利国家公园

作为全世界最大的国家公园，迪纳利国家公园的占地面积几乎相当于整个马萨诸塞州。麦金利峰的奇拔险峻为它平添了风采，成群结队嬉闹的棕熊，无忧无虑在草场上闲逛的麋鹿、浅水湖中不断跃动的三文鱼更坐实了这里动物天堂的美誉。

门登霍尔冰川

门登霍尔冰川是美国著名的后退期典型冰川，位于美国阿拉斯加州朱诺市附近。冰川形态完整，表层分布着许多远古时期的森林残迹，原是奥克印第安人的聚居地，现在已经成为美国著名的旅游景点。

TIPS

❶ 迪纳利国家公园允许自驾游。只要额外支付一些费用，游客就可以自己驾车进入公园，还能在公园中露营。

❷ 门登霍尔冰川并不适合攀爬，附近有黑熊等野生动物出没，游览时最好不要独自一人。

的美景实在是不容亵渎。冰川的蓝、天空的蓝、海水的蓝，层次分明却又以一种独特的方式互相浸染、互相交融，一点点、一丝丝地晕开，那种美丽，难以言喻。

关键词：粉雪
国别：日本
位置：北海道札幌市二世谷

日本二世谷滑雪区

北海道的情书

曾经，一部《情书》让整个世界都认识了"雪国"北海道。那雪夜中独对满地落寞的渡边博子，那青绿色的懵懂中交织的爱恋都仿佛一瓣瓣樱花在空中飘落，落向大海、落向阳光、落向札幌，也落向二世谷。

不同于东京的繁华雍容，北海道从诞生的那一刻起便独树一帜，充满了浓浓的田园野趣。春天的樱花、夏天的合欢、秋天的红叶、冬天的雪，四季轮转，四种颜色、四种唯美交织，令人难忘。

第一次邂逅北海道，或许会迷茫不知所措，这个时候最明智的选择便是投入札幌冰雪雕刻出的秀色中。札幌是北海道最大的城市，也是日本降雪最多的城市，它不傍海但却依山，有"小富士山"美誉的羊蹄山便是札幌最显眼的标志。

羊蹄山风景优美，状似羊蹄，纯白中带着一抹难以形容的圣洁，全球四大滑雪区之一的二世谷滑雪区就在羊蹄山高原上。整片滑雪区终年都被雪花覆盖，东山滑雪场、比罗夫滑雪场、安努普利国际滑雪场巍巍屹立，丰姿妖娆。

二世谷的雪，或者说札幌的雪在世界上都是称得上"美"的。每年冬天，一团团、一片片大而密的雪花若一蓬蓬柳絮一般簌簌地飘落，悄无声息，却美得纯净。札幌的雪

■ 这里的雪是粉末雪，质地柔轻松散，滑起来格外轻快舒服

很柔软，像面粉，酥软洁白，摔倒了也不会觉得疼。

初冬时节，带着爱人来到二世谷体验一把高坡滑雪真的很不错。二世谷滑雪场风景优美，各种滑雪设施完备，有着不同坡度不同弯曲程度的各种滑道，能够满足滑雪爱好者的不同需求。

二世谷滑雪区中最大的滑雪场是比罗夫

□ 滑雪者正停下脚步记录美丽的雪山

滑雪场。抬眼，能看到远处的羊蹄山在晚霞的映衬下淡淡微笑；低头，能看到札幌金合欢的花香似乎犹在鼻尖徘徊。

安努普利国际滑雪场和比罗夫滑雪场毗邻，滑道旁边一排排整齐新绿的白桦树就是蓝天下最好的迎宾，它们轻声细语地述说着北海道的浪漫与深情。安努普利的滑道坡度非常缓，转弯与障碍也不多，非常适合怕摔跤的淑女。在雪花的呓语中，听着树之歌，轻轻滑动，这种感觉，真的很让人兴奋。

当然了，勇敢者永远都不是少数，东山则是勇者的天堂。纵切的滑道、多变的环境、陡陡的斜面、一切的一切，一眼望去便知道是为"高手"量身定做。

粉雪悠扬，滑板纵横，天边的日光金黄如昔，你看风景时，风景也在看你。假如你没有办法铭记，那么就让二世谷将你铭记吧。

醉美风景

白色恋人巧克力工厂

"白色恋人"是北海道最著名的巧克力，白色恋人巧克力工厂则是札幌最美丽的造梦机。在这里，你能看到"白色恋人"的全部制作过程，还能在仿佛中世纪城堡般的工厂内亲自制作属于自己的"白色恋人"。城堡外的钟楼上每隔一个小时都会上演一场"人偶嘉年华"，旁边玫瑰园中各色玫瑰盛放，更是美妙无比。

大通公园

大通公园位于札幌市中心，是札幌的地标。公园中遍植紫丁香，有不断变幻着造型的喷泉，也有各色各样的前卫雕塑。公园东侧，札幌电视塔巍巍矗立，登上塔顶的展望台能够尽览札幌风光。平日里，札幌市民都喜欢来这里散步消暑，有文化交流节目时这里会更加热闹。

TIPS

❶ 最佳游览时间：2月。
❷ 白色恋人公园中有专门的蒸汽小火车供儿童乘坐，孩子可以坐着火车像畅游仙境般畅游整个公园，不过需要额外付费。

关键词：天山雪景、滑雪

国别：中国

位置：新疆维吾尔族自治区乌鲁木
齐市水西沟镇平西梁村

丝绸之路国际滑雪场

★★★★★★★★★ 纵情"丝绸之路" ★★★★★★★★★

　　真的走进新疆，走进乌鲁木齐，才知道原来现实与想象之间竟然相差云泥。缎带般白雪飞扬的丝绸之路上，平西梁的原始森林奏出的不是荒凉而是野心。

▪ 在广阔的群山之间畅行，疯狂又刺激

　　或许许多人第一次听到"丝绸之路"这四个字是在历史课上，或许那时候会对张骞和西域产生一种难以遏制的渴望。长大后，终于有了放飞自己的理由，于是一个人、一个包，就可以挥挥衣袖，踏上这片心仪已久的土地。

　　丝绸之路国际滑雪场的午后，碎金般的阳光将片片白雪照耀得仿佛水晶一般晶莹。坐在滑雪场边的咖啡厅中，静静地听着琴声叮咚，玻璃幕墙映着窗外或不断滑行、或翻

■ 玩得不亦乐乎的滑雪者

滚而下、或拥雪而笑的身影，心中会突然有一种入场的急切渴望。

　　租好装备，来到滑雪场中，满目尽是无垠的白，白色的山坡、白色的雪树、白色的雕塑、白色的滑板、白色的人，未沾染一丝尘埃，洁净仿佛初生。恍惚间，竟不忍心去挪动脚步。

　　不时，会有风吹过，将发丝撩起，细碎的雪絮有些凉，大胡子教练的身影在眼前一晃而过。踩着滑板，终于可以开始自己的第一次滑雪之旅了。丝绸之路国际滑雪场中一共有 8 条雪道，难度不一，分初、中、高三个等级。对初学者来说，300 米的雪道分了20 圈，简直就是"菜鸟"的天堂。

　　穿着滑雪服，踩着滑雪鞋，一边前进一边自动过滤远山的风景是最绝妙的想法。不用极目远眺，天山原始森林的苍绿自然而然地映入眼帘，虬结的老树参天，一缕缕来自苍莽的芬芳在荡漾，白色与绿色在蓝天下交织，不用靠近，眼睛都会像吃了冰棒一般爽快清凉。

　　磕磕绊绊地滑过雪之后，若余兴未尽可以去骑骑马、坐坐狗拉雪橇，也可以登上观光缆车，用居高临下的姿态去欣赏一下天山山脉最纯粹的雨林美景。密林修竹，花开半夏，古老的榕树盘根错节，淙淙的河水似要

▣ 坐在缆车上可以饱览雪山全景

流向远古，不知名的灌木舒展着风姿，啁啾的鸟儿梳理着毛羽，草叶上露珠将滴而未滴，满天的朝霞画出的不是彩色而是野望。

当身体无法挣脱时，那就把灵魂放飞吧，旅游是放飞灵魂的最好方式，而丝路滑雪又是旅行的不二选择，不是吗？

醉美风景

新疆国际大巴扎

大巴扎在乌鲁木齐市天山区，建筑面积极大，是中国西北著名的巴扎集市。商品琳琅满目，特色的立柱、圆圆的屋顶、土黄色的大厦，每一座建筑都带着浓浓的伊斯兰风情。巴扎中央有一座丝绸之路塔，塔不高，每一层都有艳丽而精致的彩绘。塔旁不远处是清真寺，寺中朝拜的维吾尔族人络绎不绝。

红山公园

红山公园是乌鲁木齐市的地标，位于市中心，旧称"红山嘴"。园内风景宜人，园中心矗立的由二叠纪紫砂岩堆砌而成的褶皱断层山更是一绝，夕阳斜照时，山光相映，美丽异常。此外，公园内的镇龙塔、大佛寺、远眺楼等也都是不可错过的景点，尤其是那棵在乌鲁木齐市顽强存活的杏树更值得合影留念。

TIPS

❶ 大巴扎市场治安不太好，小偷泛滥，游客一定要注意保管好自己的财物。

❷ 参观公园的时候请注意文明卫生，不要乱扔垃圾；参观杏树的时候不要随意攀折。

关键词：企鹅、滑雪、南极点
位置：南纬 66° 33' 以南

南极

★★★★★★★★★ **勇敢者的游戏** ★★★★★★★★★

白雪皑皑的俏丽冰原，海洋深处的纯美洞天，打着旋在风中飘落的雪花，呆呆萌萌的小企鹅，慵懒的大海豹，悠闲的深海鲸鱼，如棋子般在南极洲大陆上星罗棋布的冰川……这里是南极。

▣ 呆萌的企鹅很是讨人喜欢

自1911 年挪威人阿蒙森经过长途跋涉踏上了南极的最南端——南极点开始，人类征服南极的热情便开始燃烧直至沸腾。有钱任性的富人可以乘坐着豪华的邮轮，一边谈天说地，一边用眼睛和摄影机记录下南极无垠的壮美，但这不是征服而只是路过。南极探险、极地滑雪，从来都只是勇敢者的游戏。

或许世界上雪花飞舞的地方有不少，适合滑雪的地方也有很多很多，但我敢保证，

绝对没有一个地方能像南极这样纯粹、这样清淡、这样自然、这样不染尘寰。沐浴着冰风，挥舞着手臂，滑行在南极，空气中都充满着自由的气息。低空时不时地会掠过一只觅食的海鸟，不经意间在某个巨大的冰川旁你就能邂逅一个小小的企鹅部落。没有马达加斯加那般的奇幻唯美，但每一次前进、每一次发现、每一个脚印都会让人感到由衷的惊喜。

在雪地上扎营，风雪中孤守摇摇欲坠的帐篷，一个简单的睡袋便是全部。从南极圈往南，一路横跨二十多个纬度，勇敢的人唯一能依靠的就只有自己。一副滑雪板、一套滑雪服就是全部。在南极冰川找食物并不难，但想抓到猎物却很难，若是身怀绝技，或许能够在南极冰川上来一次篝火晚会、陆地烧烤；如果没有，那只得乖乖地啃自己的干粮。

当然，横跨南极圈不是每个人都能完成的壮举，想要挑战极限的勇士也完全没必要自己走完全程，坐飞机、坐轮船来到南纬

■ 在雪地上扎营绝对是勇敢者的尝试

■ 水面上浮冰无数，穿越南极海峡，是一件既惊险又刺激的事情

醉美风景

南极海峡

南极海峡，别名"冰块巷"，位于南极半岛东北端。冰山起伏，冰海之中浮冰无数，星星点点，仿佛是落入玉盘之中的一颗颗明珠。穿行南极海峡是一件既刺激又有趣的事情，美丽的浮冰是最危险的障碍物，冰海岸上一只只调皮的小海豹更让人既欣喜又无奈。

彼得曼岛

彼得曼岛是南极潘诺拉航道上一道最亮丽的风景线，在这里不仅能看到南极的王者企鹅，还能看到深藏海水中的巨鲸。鲸鱼的身影不时在岛畔出没，海面上不时会升腾起巨大的水柱，那是鲸鱼在换气。若是忽然看到一座黑色山峰，别怀疑，那肯定是鲸鱼的尾巴。

89°的位置，然后全副武装，用尽全力去征服最后一个纬度。风在耳边疾驰，雪花在身边飘扬，高海拔、高纬度让人忍不住有些窒息，马上要登临南极点的兴奋更让人忍不住发抖。看着白雪一点点在眼前分开，看着一条条雪线在身后蜿蜒，看着不远处南极点的标牌，滑板未停，心便已经醉了。

人这一辈子终归是要进行一次冒险的，假如可以选择，在冰雪的见证下踏上南极之巅无疑是最美好的选择。

TIPS

❶ 南极气候非常寒冷，不管去什么地方都要注意防寒，手套不离手，面部也不要长期裸露在外。
❷ 观看鲸鱼的时候要注意安全。给企鹅、海豹拍照的时候不要靠太近，否则会吓到它们。

第十章

环球徒步

踩着断断续续的步调，

演绎来来回回的片章。

用脚步亲吻每一寸大地，

用心去拥抱环球的景色，

走在最唯美的国度，

享受徒步的快乐。

不习惯快节奏，

只想放缓脚步，

沉浸在山河之中，

那就走进每一个神秘浪漫的国度，

成就一个儿时的梦。

左图：依山而建的虎穴寺，神圣高洁

关键词：ABC 环线、雪山草甸、神秘村庄
国别：尼泊尔
位置：博卡拉城附近

安奈普尔纳

★★★★★★★★ 雪山之下的大环线 ★★★★★★★★

真正的旅行是什么呢？不是看到、走过，而是接触过、感悟过、了解过、深入过。每一个地方都有属于自己的故事，徒步是旅行最好的方式，而尼泊尔恰恰正是徒步者的天堂。

◘ 在任何时候、从任何角度都可以感受到费瓦湖的宁静，可以将身心浸润在这柔软的空间里

邂逅尼泊尔之前，对它的印象就是喜马拉雅山脚下的一个"小不点"，稍不留意就会将它从地图上忽略掉；邂逅尼泊尔之后，便觉得，这个世界上根本就没有任何语言能够形容它的美丽，更没有任何词汇能够描述它的优雅，一如安奈普尔纳。虽然曾经的大地震摧毁了一些建筑，但是在震后迅速重建的它依然不输昔日的美丽，对旅行没有影响。

位于尼泊尔中北部的安奈普尔纳从来都

❚ 纳加阔特观景台上，目力所及群峰环绕，从谷底的梯田农舍到远近山峰的层峦叠嶂，一幅立体画卷跃然眼前

是徒步者心目中不朽的胜地。这里高峰林立，草场茂密，世界第十峰安奈普尔纳峰巍然屹立，直插云天的峻拔仿佛在向世界昭告着这片土地的宁静、纯美与安逸。

安奈普尔纳大环线的起始点是博卡拉城，终点也是博卡拉城，不同的是从东到西，旅友们在山峰间、草场上、高山雪地里留下了太多太多的足迹。一步步地走，或许许多人都无法理解，但事实上，只有经过足尖的过滤，留给眼睛的才是最纯美的风景。

❚ 三五好友徒步在山巅之上

■ "世界最深谷"——卡利甘达基河谷

风景是什么呢？一根草、一朵花、一座房子、一块石头、一条飘扬的彩带、一个隐藏在油菜花香中的尼泊尔村庄。风景无处不在。

海拔800米的博卡拉已经高得令人觉得不可思议，但它也只是起点。伴着晨曦，一路向前，也一路向上，海拔在不断地增高，风景也随着海拔的变化而不断地变换。茂盛苍绿的阔叶林渐渐蜕变成了青绿的灌木丛，再变成黄绿色的草甸，茫茫的草甸、高低不一的荒草，没有风吹草低见牛羊的诗意，却别有一种荒凉如烟的美丽。恍惚间，绿色已经成为一种希冀，满眼见到的都是稀稀疏疏不知名的黄草，偶尔见到几抹绿意，却不是草色而是青苔。青苔的翠色中，藏族风情浓厚的皮桑本村似乎也遥遥在望。然而，转身的一瞬间却陡然发现，原来已经到了托隆山口。

雪山之巅，冰雪在阳光下散发着一种淡淡的幽蓝，盎然的绿意只属于天边的飞鸟。跨过这个海拔5416米的山口，徒步之旅便走完了一半，翻过山口，便是回程。一路向下，植被依旧变化着，却绝不重复。凄美的草甸、绿翡翠般的高山湖、干热的河谷、人迹罕至的荒漠，都美得令人窒息。

山中之旅，每一步都是对自我的超越。跃动的风景相伴，不泯的风华萦绕，一路走一路醉，这样的日子，想不心动都难。

醉美风景

卡利甘达基河谷

卡利甘达基河谷位于安奈普尔纳1号峰和道拉吉里峰之间。两座巍峨的高峰之间的距离仅有38千米，而两座山峰之间的河流海拔不足2200米，因此卡利甘达基河谷被称为"世界最深谷"。除了醉人的河谷风光之外，这里还是欣赏日落的好地方。

纳加阔特观景台

想要欣赏雪山的美景，不得不到纳加阔特小村庄中，这里是著名的喜马拉雅观景台。在这里可以欣赏到最壮美的喜马拉雅山的日出与日落，还可以欣赏到珠穆朗玛、安奈普尔纳等5座海拔超过8000米的雪峰。

TIPS

❶ 在旅行的途中要多准备一些小额纸币，便于在沿途购买物品时付账。

❷ 爬山的时候最好穿旧鞋，更加便于长途跋涉。

关键词：崎岖、浪漫
国别：英国
位置：英国本岛西北部

苏格兰高地

★★★★★★★★ 不协调中的优雅跋涉 ★★★★★★★★

　　风中独憔悴的废弃城堡，温柔的一望无边的莽莽荒原，清丽的仿佛蓝水晶般的湖泊，忧郁地吹着风笛的本尼韦斯山……神秘狂野的苏格兰从来都不缺乏令人疯狂的魅力，用心去触摸，它会给你不一样的惊喜。

　　曾经，悠闲地坐在小资情调的酒吧中品品威士忌，装一装牛仔，是英国迷们最热衷的事情。但现在，小资式的浪漫已经泛滥到人神共愤的地步，威士忌已无法放飞灵魂，爱丁堡、天空岛、白金汉宫也不再是唯一的希冀。相反，古老苍茫、历经沧桑的苏格兰高地却仿佛是一位有着悠久历史传承的贵族一般吸引着世界的目光，苏格兰西高地徒步也成了无数户外探险者眼中最刺激的游戏。

　　有人说，苏格兰高地是整个欧洲最优美的地方。没错，苏格兰的确是英伦半岛上最亮丽的风景线。从格拉斯哥市近郊的米尔盖出发，一路上精致的湖泊、被嶙峋巨石覆盖的原始荒野、秀美而崎岖的山峦总是让人充满了遐想。

　　当你还为左手拥抱苍莽丛林、清泉绿水，右手拿捏嶙峋怪石、崇山峻岭而沾沾自喜的时候，圆锥希尔山就在不经意间将你的视线整体拉低，山那边澄碧如镜、波光粼粼的洛

■ 苏格兰高地里梦幻般的湖泊、瑰丽的荒原、色彩纷呈的山峰、星星点点的花儿让人惊叹不已

蒙德湖就像是落入凡间的瑶池，在邂逅它的刹那，整个灵魂都有一种被升华的舒适感。古灵精怪的红松鼠就站在湖边的树上饶有兴致地打量着疲惫的徒步客。若此时一条有着橙红色眼睛的毒蛇从草丛里窜出，野外烧烤

之旅就会瞬间变成绝地大逃亡。最后，用烤肉贿赂走了"丛林吃货"，人们只能在胆战心惊中继续上路。

恍恍惚惚间走出草丛，格伦科大峡谷秀美清奇的气质又会吸引住众人目光。站在峡谷中，仰望山巅，看疏影横斜，看流云缥缈，突然觉得一辈子常居于此也是一种幸福。只不过利文湖的潋滟水光却在远方不断地发出呼唤，本尼韦斯山巅皑皑的白雪也唱起了呼唤之歌。

高低起伏间不断地跋涉，就像是一段高低音夹杂的曲谱，或许不太好听，但旋律却独特

◼ 漫山遍野的鲜花展示了苏格兰高地的浪漫情怀

■ 充满活力的苏格兰国家画廊

得令人迷醉。身边的风景都被抛在身后，唯一的原因就是前方的景致更加壮美。威廉要塞是西高地徒步之旅的终点站，也是苏格兰最美丽的门户。夕阳西下时，站在要塞的城堡边，看着开往"霍格沃茨"的"魔法"专列轰鸣而过，那一刻，即便只是挥挥手，不带走一片阳光，也觉得值得。

醉美风景

苏格兰国家画廊

苏格兰国家画廊的设计与伦敦国家画廊简直一模一样，但不管画廊的设计如何，这个不起眼的三层画廊里藏着不少欧洲艺术家的作品。凡·高、波提切利、提香、莫奈等著名画家的画作都在这里展出。

爱丁堡皇家植物园

在这个植物园的游客中心里有一个纪念品商店，出售一些植物教具，还有一些植物影片，喜欢植物的朋友可以去看看，也可以感受一下英国人的公共教育服务设施。

TIPS

❶ 苏格兰高地属于海洋性气候，冬季时比较寒冷，要注意做好防寒保暖工作。最佳游览时间：夏季。
❷ 苏格兰高地有很多地方属于"三无地区"，即无人、无车、无信号，所以要提前做好出行准备。

关键词：梦幻森林、珍稀鸟类
国别：哥斯达黎加
位置：奇里波国家公园

塔拉曼卡山脉

★ ★ ★ ★ ★ ★ ★ 梦幻森林中的远足 ★ ★ ★ ★ ★ ★ ★

　　微醺的海风、广袤的丛林、翩跹的金雕、阑珊夜色下的灯火……哥斯达黎加的符号太多，风景也太多，然而，再绚烂、再烂漫的景色，在它的面前也都会黯然失色，它就是塔拉曼卡。

■ 破旧的木质栈道，通往的却是最美的风景

　　或许和喜马拉雅、阿尔卑斯这样声名显赫的山脉相比，位处美洲中部的塔拉曼卡默默无闻，然而，特殊的地理位置，独特的海洋气候，独一无二的第四纪冰川遗迹却让人忍不住去向往、去追寻。

　　奇里波国家公园是塔拉曼卡山脉的风景

最优美的地方，也是长距离远足徒步爱好者们最憧憬的天堂。戏剧般不断变幻着的多彩天空、突然闯入眼帘的静美田园风光都让人耳目一新。背着重重的徒步包，踩着沉沉的防雨鞋，走在撒满了厚厚落叶的塔拉曼卡远古森林中，绝美的景色瞬间便将疲劳融化得无影无踪。

森林中枝叶横斜，星星点点的阳光透过叶子的缝隙洒下，草叶上颤巍巍的露珠不经意间就套上了斑斓的彩装。遮天蔽日般的树冠仿佛是人造降雨机，人们一个不留神就会在它的"偷袭"下成为落汤鸡。氤氲着树叶香气的林间小路不知道被多少人走过，但却从来没有人能够在这里留下永恒的足迹，落叶是最好的清洁工，一层层、一片片，炫舞空中，美丽而苍凉。

走累了，可以在挂满了青苔的矮树边稍稍小憩，支起帐篷也没有问题；柔柔的嫩草就是大自然恩赐的最好的坐垫；绿咬鹃的歌声很容易让人陷入沉睡，若是有幸，或许还能看到大哈佩雕矫健的身影；重新站起来，整整衣服，再次用脚尖与塔拉曼卡来一次零距离的亲密接触，你会发现成群结队的蜂鸟或许才是最佳的旅伴。

穿过梦幻般的热带雨林，继续向前，辽阔的草场绝对会让你惊艳，回眸望去，森林已经隐藏进环山的云雾中，但那绮丽的风光却一丝都不曾消散。奇里波山山巅是徒步的最关键转折点，站在山上，你能俯瞰的不仅是森林和草场，加勒比海岸如雪的波涛、太平洋蔚蓝如玉的妖娆都是记忆中最值得回味的风景。

徒步是为什么呢？自然是感受最真实的纯美。哪怕前方等待着的不是最美好的，但一步一个脚印走过去的这个过程已经是一种幸福，不是吗？

■ 酒杯湾，岸边银白色的沙滩正如酒杯的边缘一样完美

醉美风景

神秘的山谷

神秘的山谷中的土壤中含有大量的铁成分，这些铁元素会导致周围的环境受到磁性干扰，在山谷中拿着罗盘的话，指针是会失灵的。喜欢探险，又想要看看大自然的神奇现象的朋友，一定不能错过。

兔子谷

兔子谷旁一片巨大的沙场在山谷周围环绕着山峰，小兔子经常在这里出没。不喜欢野兽的人们，可以到这里体验一下安静祥和的自然风光。活蹦乱跳的小兔子经常会出现，这些尘世间的小精灵的乱入，会让你感觉自己好像走在童话世界中的森林里。

TIPS

❶ 塔拉曼卡山脉中有很多小动物，对小动物过敏的人，进去时要做好防过敏的准备。
❷ 塔拉曼卡山脉气候比较潮湿，地上经常长有密密麻麻的苔藓，注意防滑。

关键词：冰与火的双重奏、动植物的天堂
国别：智利
位置：艾森大区

巴塔哥尼亚

★★★★★★★★ 用脚步拥抱智利 ★★★★★★★★★

　　想象中的智利，应该是妩媚、晶莹、仿佛曼陀罗花般在暗夜中悠然绽放的；但当踩着须芒草，漫步在苍劲挺拔的密林中，听着兀鹰的鸣啼时，智利和唯美就瞬间画上了等号。

🔲 迫不及待去看美景的徒步者

　　地处美洲大陆最南端的智利一向是追梦者的最爱，"圣城"圣地亚哥、沙漠阿塔卡玛在烽火霜天中谱写着最灿烂的天涯之歌。雪峰与火山，森林与冰川，极端相反的两种风景在这片土地上完美地交织，用一种奇异的方式编织着上帝都要为之惊叹的梦幻。

　　巴塔哥尼亚在智利是个很特别的地方，它毗邻安第斯山，依偎着大西洋，背靠着火

地岛，仿佛是众星齐捧的一弯新月，绚烂了整个麦哲伦海峡。若是能化身为飞鸟飞临巴塔哥尼亚的上空，就会发现这片让无数人魂牵梦萦的土地竟然长得酷似一只大脚丫，大概，这也是它被徒步爱好者们喜爱的原因之一。

　　托雷斯德尔潘恩国家公园的"W"航线是智利最好的徒步路线。顺着蜿蜒的林中小道上上下下走一遭，用脚印画一个"W"也着实是一件值得炫耀的事情。秋天的落叶、冬天的飞雪虽然也很漂亮，但考虑到巴塔哥尼亚与南极难以想象的亲密，徒步的时间最好还是选在山花烂漫的春季。

　　走进托雷斯德尔潘恩国家公园，茂密的原始森林会让人们有一种误入亚马孙的错觉，但当安第斯山蓝白交辉的峻拔群峰映入眼帘时，才知道这里就是智利！一步一步地不断深入，身边的风景也不断变换。清晨，小湖边的假山毛榉还是人们最亲密的伙伴，傍晚的时候，麦哲伦苔原上低矮的灌木、荒凉的

■ 远方草地上的原驼非常可爱

草甸就已经让人们不得不感叹造物者的神奇。原驼、兀鹰、灰狐随处可见；偶尔红狐也会出来秀一秀自己漂亮的皮毛；黑天鹅是娇贵的公主，想要见到它不经过长途跋涉是不可能的。

　　白色的岩蔷薇是旅途上最温馨的风景，走累了，疲倦了，可以慵懒地在花丛中伸个懒腰，回味一下风轻云淡的感觉。越走越远，路边的黄杨就变成了蕨草，绿色也渐渐被黄色所取代，再往前，阳光照耀下的巨大冰川

■ 百内国家公园

■ 山峰环绕着翡翠般的湖泊，美得让人不想离去

令人豁然开朗。火地岛的火山似乎也近在眼前。冰与火在这一刻竟是如此和谐，和谐得让人忍不住用相机去记录。

　　芳菲落尽，星辉满天，军绿的帐篷边，人们额头的汗水还未散去，心中却充满着感动，为造物者的神奇而感动，为冰与火的清歌而感动。一步一步前行，人们毕生所追求的，也不过如此。

克一般，高耸的群山让人不禁叹大自然的鬼斧神工，金色的草原加上棱角分明的冰原，两个极端的共同存在让人惊叹。

科帕韦省立公园

在科帕韦省立公园中有 30 米高的南洋杉，这里的夜晚星空浪漫，直冲入天的南洋杉就好像触碰到了星辰一样。这里是侏罗纪时期存留下来的活文物，同时也是巴塔哥尼亚地形的代表。

醉美风景

百内国家公园

这里被视为智利最有价值的珍宝，占地 2420 平方千米，最有特色的是这里的地形。整个公园的地形就如同马赛

TIPS

❶ 最佳游览时间：夏、冬季。
❷ 巴塔哥尼亚地区的气候条件十分恶劣，来之前要做好心理准备。

关键词：古堡、山谷

国别：德国

位置：图林根州爱森纳赫市雷恩施泰克

雷恩施泰克

★★★★★★★★★ 德国最美徒步路线 ★★★★★★★★★

那一丛丛的矢车菊，一片片的灌木林，一栋栋幽深又优雅的古堡，一个个祥和而宁静的村落，一湾湾如水晶般的流泉，一缕缕氤氲在花木间的温馨，就是童话最好的诠释。

□ 瓦特古堡始建于 1067 年，是德国最具日耳曼风情的古堡

个人一生中能去几个地方呢？没有答案。一个太遗憾，十万个太匆忙，一百个则刚刚好。一年两个，五十年，一辈子。那么，去哪里？当可供选择的范围被认定为全世界的时候，一百个名额显然有些捉襟见肘。但相信我，如果错过了雷恩施

◼ 彩色的建筑让这里充满童话气息

◼ 爱森纳赫市中心的古典建筑

泰克，你绝对会后悔。

雷恩施泰克登山道是德国最美的徒步路线，一周的时间用脚拥抱自然的体验会让人终生难忘。

图林根森林的风景异常壮美，青山、白云、绿水、蛙鸣、月光无时无刻不在释放着温暖。徒步中常见的危险在这里被降到了最低，哪怕是孤身一人没有向导，也不会迷失在雷恩施泰克。如果真的要用一个词来概括这次徒步，绝对不是刺激，而是温馨。

沿途的风景没有多大的变化，"调色盘"中的色彩也不够丰富，绿色、蓝色、白色，再加上一点淡淡的金色似乎便是这里所有的色彩了。然而，一处处别样的风景却足够让你在时间的流岚边驻足。路德故居的黄房子里，橡树依旧婆娑，瓦尔特古堡就是阿尔卑斯女神脖子上最美丽的琥珀。穿过古色古香的山涧木桥，带着浓郁罗马风情的中世纪古堡赫然在目。站在城堡高高的城垛上，图林根森林最大的作用便是反衬城堡的巍峨。

穿过森林，最耀眼的不是那茵茵的爱之栎树，而是长满了淡蓝色矢车菊的山谷。山谷不大，绿水潺潺，平静的小池塘边种着几棵不知名的小树，草青色的果实萦绕着最美丽的梦。山谷深处，没有篱笆，却有村落，是传统的德国小村庄。徒步六天，这样的村庄能够看到不少，露宿或借宿都是不错的选择，严肃认真的德国人也很好客。

深秋红叶落，欧洲栗子黄，一辈子一百个的承诺，雷恩施泰克将是最值得追忆的那一个。

醉美风景

瓦特古堡

早在 1999 年瓦特古堡就被列入《世界遗产名录》，这里是德国标志性的国家级堡垒，已经拥有上千年的历史了。古堡全面对公众开放，每年夏季的时候古堡内还会举办音乐会。

路德故居

这里是路德生前居住的地方，如果你想了解这位德国宗教改革之父，那就一定要来这里看看。在路德故居中的油画深刻地讲述了路德的一生。

TIPS

❶ 虽然雷恩施泰克有些雪地只有冬天才对外开放，但是这里最好的徒步时间却是每年的 5—8 月。

❷ 雷恩施泰克的山道中溪流比较多，尽量选择防水登山鞋和防水登山服。

关键词：悬索桥、瀑布、桦树林
国别：新西兰
位置：米尔福德野生峡湾国家公园

米尔福德步道

★★★★★★★★★ 跨越世纪的美景 ★★★★★★★★★

斑驳光影中流离的湖光，浓绿树荫下舞动的白云，平和中带着几缕妖冶的灰岩。走进米尔福德，你很难想象，这样一个辽阔的峡湾会是新西兰的宝地。

米尔福德这个名字对许多人来说都有些陌生，提到新西兰，人们更在意的一定是惠灵顿、皇后镇、奥克兰、基督城或者丹尼丁。不是所有人都有另辟蹊径的勇气，然而，有的时候，走上一条他人不熟悉的路才能发现桃源。

蒂阿瑙小镇是整个旅途的起点，也是米尔福德步道的终点，在这片与南阿尔卑斯山脉相亲相爱的土地上你很轻易地便能体会到让肺惊艳的感觉，空气纯净得仿佛用滤网自动过滤并加湿了一般。方圆百里的蒂阿瑙湖就仿佛一块最剔透的天然琥珀静静地镶嵌在笔挺而悠扬的桦树林畔，虽然默默无言，但湖边蒸腾的水雾、远山朦胧的雾霭却无一不在见证着它的绝美。

静止的蒂阿瑙湖美则美矣，却缺少了一种盎然的生机，雪山脚下奔腾的溪流才是米尔福德最快乐的精灵。循着溪水一路向前，米尔福德峡湾赫然在目。翠色的涟漪、一线天般的峡谷都会让人陡然从宁静之中脱离，进入一种亢奋的状态。乘船游览峡湾是个不

■ 瀑布汹涌而下，溅起层层水雾，似花朵般盛开在平静的湖面上

错的选择，但徒步自然也有徒步的乐趣。静静地、一步一步地穿过树林，虽然有时候颇有一些望山跑死马的感觉，但当新的、意想不到的风景在眼前出现的时候，还是会忍不住惊喜不已。

除了澄澈的蒂阿瑙湖，悬索桥则是步道上第二个值得驻足的地方，若是你敢拨开路旁丛生的荆棘草，壮着胆子走上索桥有些摇晃的桥面，不用极目远眺，萨瑟兰瀑布银河般飞流直下的景象便会映入眼帘。虽然离得

■ 放眼望去，湖水静美，群山绵亘不绝，美如画卷

还很远，但也会有一种身临其境的清凉感。

当然，徒步的目的绝对不是遥望，去 U 形雕冰山谷追寻一下冰川时代的遗迹也是不容错过的项目。山谷冰雕玉琢，细碎的冰凌，五彩的冰柱，大大的冰块，每一处晶莹都是一份鬼斧神工，除了惊叹，别无其他。

漫步米尔福德是一种享受。5 月阳光温和时，背上背包走一遭，七彩的梦幻桃源便不再只是梦，而是真实的存在。

评分为 95 分（满分 100 分），所以这里绝对不容错过，来到这里千万不要忘记与瀑布合影留念哦！

TIPS

❶ 每年的 10 月 1 日至次年的 4 月 30 日是步道官方开放的时间，虽然在开放季节结束之后也可以在这边旅行，但是一些网站不再提供订房服务，所以建议游客在开放季去旅行。

❷ 在步道开放时间内，有些步道会提供给游客煤气和灶具，但是游客自己必须携带睡袋和头灯。另外，有些步道没有冲水厕所，游客需要自带卫生纸。

醉美风景

麦金农通道

不要以为来到米尔福德步道就是纯粹地走路，走路时不要忘记欣赏沿途的风景。麦金农通道位于海拔 1069 米的地方，靠近通道附近，"之"字形的山路就会变得越发迂回蜿蜒，整个通道共有 9 段这样的路程。当你来到通道的顶点处时，便可以回头看克林顿谷壮美的景色。

萨瑟兰瀑布

萨瑟兰瀑布是新西兰最高的瀑布，瀑布的源头在奎尔湖，整个瀑布的高度 580 米。世界瀑布资料库给这里的瀑布

■ 镜湖湖畔的小屋，是美丽风景的点睛之笔

关键词：最幸福的国度、野性
国别：不丹
位置：喜马拉雅山脉东段南坡，
　　　中国和印度之间

不丹

★ ★ ★ ★ ★ ★ ★ ★ 探秘最幸福的国度 ★ ★ ★ ★ ★ ★ ★ ★

　　人这一辈子，不可能永远不睁眼，也不可能永远都不闭眼，所以，最理想的生活状态便是半睁半闭。当不丹出现时，才顿悟了这个道理，因为不丹便是生活中最斑斓迷人的梦境。

◘ 不丹面具舞

　　去旅行并不是什么复杂的事情，有的时候，一首歌、一张画、一个借口就能让我们在自己都感觉到荒唐的冲动中上路。选择不丹，一千个人有一千种情结，但当真正和不丹相逢，一千个人却只有一种愿望，那就是了解这个幸福的国度。

■ 从远处看，耸立于山谷之上的石砌寺院仿佛与山岩浑然一体

比起那些早已经被游客绑架的地方，纤尘不染的不丹更像是真正的世外桃源。作为全球知名的十大徒步胜地之一，不丹绝对是徒步者最憧憬的终极梦想。走下飞机，从背包中掏出徒步鞋的时候，心中还有着一丝丝的犹豫，但当真正从帕罗出发的时候，一切犹豫便都消失了。

杜克耶堡的残垣断壁远远看去有些沧桑，克楚寺的金身佛像也因为缺少了缭绕的香火而别有一番清韵。一块块整齐的梯田就像是剪裁好了一般在山坡上延展，带着浓郁不丹风情的民房顶上那艳艳的红辣椒瞬间便将心中的热情全部点燃。

树木随着海拔的升高而不断减少，小路边那刻满经文的古老石墙似乎比蓝色的松树更有魅力，杰乐拉山口陡峭的山峰、巧致的湖泊和不丹特有的红米饭似乎特别般配。脚脖子有些酸疼，眼睛却兴致勃勃，草甸独有的草绿中竟会突兀地出现一头高山牦牛。当夜晚繁星点点的时候，点上篝火，狂欢一场，

■ 不丹是徒步者的天堂

是不错的选择。

红瓦白墙的修道院色彩分明，远远望去比不丹的雪峰还要震撼人心。站在峰巅一览众山小的感觉的确非常爽，但满山遍野的杜鹃花却在提醒我们终是要回去。绕了一圈，来到廷布，澎湃的热情还不曾消退，让灵魂都得到洗涤的纯美便扑面而来。这一刻便明白了不丹人的幸福。生活不是做梦，但生活中的梦却值得去邂逅与追寻，若不丹也无法让你驻足，那么还有哪个地方能够让你停留？

醉美风景

虎穴寺

虎穴寺建在山谷中 914 米高的悬崖峭壁之上，是世界上十大超级寺庙之一。传说莲花生大师曾经骑虎从此飞过，在山谷中的一处山洞中冥想过，而这个山洞就是现在的虎穴寺。1692 年一场大火将这里严重烧毁，但是经过 1998 年的重建，浴火重生后的虎穴寺更加威严壮观。

扎西却宗

这里是不丹最著名的佛教寺院，同时更是不丹首都廷布的政府中心。扎西却宗始建于 13 世纪，海拔 2500 米。这里是不丹现任国王办公的场所，也是宗教首领的夏季驻所。

TIPS

❶ 不丹政府对于国家的文化保护看得非常重要，在这里未经政府允许购买文物是违法的。

❷ 不丹人民朴实友好，但是不欢迎吸烟的人，所以千万不要将烟草带到不丹。在不丹某些场合吸烟是要罚款的。

关键词：熔岩平原、绝美冰川、蓝湖
国别：冰岛
位置：隔丹麦海峡与格陵兰岛相望，
　　　接近北极圈

冰岛

★★★★★★★★★ 冰川上的漫步 ★★★★★★★★★

高山、草地、冰原、苔原、冰川、雪湖、熔岩，冰岛就是一幅纵横交织的无瑕画卷。不需要青山水墨的点缀，也能渲染出最天然的奇幻与瑰丽。

■ 融化的冰山汇成河流蜿蜒而下，游客正在记录这一美好瞬间

作为大西洋中脊上最闪耀的北极明珠，氤氲着爱尔兰风情的冰岛一向是个热情如火的国度。活跃的华南达尔斯火山在休眠期总是含情脉脉，黑色的高原与狭小的平原上，银白的冰川便是不泯的精致。

漫步冰川是一件美好的事情，雷克雅未克则是一切美好的开端。作为冰岛首都，被原始气息包裹的雷克雅未克却充斥着时尚的元素，蓝湖是无论如何也不能错过的远足第一站。黑得幽邃的火山岩、白得晶莹的湖岸、蓝得剔透的湖水，三种色彩融合着三种梦幻，清新的气息萦绕鼻尖，一切都显得太奇幻。

告别冰岛，温泉城的花花草草早就化成不愿被挣脱的罗网将你网住，或许这里并不

■ 绚丽多彩的北极光浩瀚、神秘，令人望而生叹，顿感人生渺小，宇宙无限

是广寒胜境、天上宫阙，但这里却是最像月亮的地方。"冰岛金环"并不是每一个人都希冀的梦想，但斯卡夫塔费德国家公园无论如何都不容错过。

公园中没有茂密的丛林，有的只是一望无际的广袤平原，平原上偶尔有几个湖泊闪现，澄碧如镜，没有绿草。火山爆发后留下的熔岩以上帝都叹为观止的方式构建起了一座座精巧的熔岩迷宫。黑绿色的苔藓没有任何美感，但银白色的冰河却偏偏愿意成为它的陪衬。

来到冰岛，不看冰川似乎无论如何都说不过去，单单去看冰川又未免显得单调，所以，索斯莫克便在徒步者的呼唤中翩翩而至。这里的冰川在整个北欧都非常有名气，若是耐力足够好，完全可以去冰川下瞻仰一下它最壮美的身姿。冰川的蓝、山谷的绿、流云的白、山花的烂漫、溪流的碧在这里都能得到最完美的诠释。当然了，若是不习惯长途徒步，只想在索斯莫克山谷中来一次短距离的徒步，也没关系。山谷中那不大但飞珠溅玉的瀑布就够满足你了，瀑布边、青石上一朵朵的野花更让你有一种回归田园的错觉，若是幸运，深秋时分还能看到北极光。当北

基尔丘山的景色极具中土色彩，三条瀑布直流而下，充盈着蜿蜒在山脚的清透溪流，组成一幅绝美的世外桃源图

极光漫天时，无论你在哪里，那玫红色的光芒便是世界里的唯一。

怎么样？有没有立即插上翅膀飞过去的冲动，如果有，就出发吧，冰岛正在等你。

醉美风景

朗加瓦拉县

这里是冰岛南部的一个小县城，但是这里有丰富的温泉资源。这里的温泉温度适中而且疗效很好，因此受到了广大游客的喜爱。此外，这里还有冰岛最大的断层瀑布——黄金瀑布。整个瀑布宽度约2500米，落差70多米，气势磅礴，非常壮观。

阿克雷里

阿克雷里是冰岛的第二大城市，这里的景点非常多，有植物园、阿克雷里大教堂、冰岛诗人旧舍等景观。这是一座袖珍城市，徒步不需两个小时便可以绕着这里走一圈。这里是一处绝佳的放松之地，绝对是体验悠闲惬意的生活的首选。

阿克雷里背依雪山，面临碧湖，风景秀丽，被誉为冰岛的"北方之都"

TIPS

❶ 冰岛的风很大，春天经常会下冰雹，携带帽子以及保暖衣物非常重要。

❷ 最佳游览时间：1—3月、6—9月，这里夏季的日照时间很长，而冬季日照时间则非常短，秋季和冬季偶尔还会见到极光。